20세기의 위대한
피아니스트

차례

Contents

피아니스트, 우리에게 다가오다

피아노라는 악기가 본격적인 독주 악기로 등장하게 된 것은 그리 오래 전 일이 아니다. 물론 현재 각광을 받고 있는 첼로가 독주 악기로서의 가능성을 보여준 것이 거의 20세기가 도래한 이후라는 사실과 비교한다면 피아노의 세기는 비교적 일찍 시작한 셈이라고 볼 수 있다.

피아노가 표현할 수 있는 음의 스펙트럼은 가히 대편성 오케스트라에 버금갈 정도로 넓고 깊다. 낭만시대의 격정적인 피아노 협주곡을 들어본 사람이라면 치밀하게 설계된 구조 아래에서 수십 여 명의 단원들과 힘겨운 사투를 벌이는 피아니스트라는 고독한 존재에 대해 생각해 본 적이 있을 것이다. 그 싸움에서 이들은 힘겨운 사투를 벌이기도 하고, 높은 곳에 올라 고고한 시선으로 모든 이들을 굽어보기도 한다. 그리고 결국 이들은 장대한 코다(악곡을 끝내기 위해 추가된 마침 부분)와 함께 화해한다.

리스트(F. Liszt, 1811~1886)가 파가니니(N. Paganini, 1782~1840)의 주술적인 연주로부터 일종의 제례와 같은 오늘날의 독주회를 창안했다는 사실은 꽤나 충격적이다. 그 이전의 음악가는 하인보다 못한 대우를 받는 일이 다반사였다. 그러한 형식적인 장치와 자존심만이 지금의 피아니스트를 있게 한 장본인이었을 것이다. 하지만 어찌 되었든 그 리스트의 후예들(현대적인 독주회의 혜택을 받은 모든 피아니스트)은 죽어서나 살아서나 우리의 가슴속에 전설로 남아 있다.

빠르게 변해가는 세태 속에서 많은 이들이 고전음악의 사멸을 예견했고, 또 실제 당장이라도 그렇게 될 것 같은 위태로운 모습이 연출되었다. 새로운 음향 매체의 출현, IT기술의 발전은 빠르고 손쉬운 것들에 대한 갈망으로 이어졌고, 고전음악의 위치는 당장 폐기처분해야 할 구시대의 유물쯤으로 여겨지게 된 것이다. 하지만 독이 될 것처럼 여겨졌던 모든 매체에 대한 손쉬운 접근은 오히려 젊은이들을 디지털 베를린 필하모니와 같은 가상 매체의 청중으로 만들었다. 마치 비밀스런 벙커 속에서 일어나는 1급 비밀에 관한 공론처럼 여겨지던 유수의 콩쿠르 현장은 이제 해당 지역으로 날아가지 않고도 안락한 내 방에서 감상할 수 있는 공간이 되었다. 심지어는 이러한 극단적인 가능성으로 인해 세계 합창단이나 유튜브 오케스트라 같은 단

체가 조직되어 시공을 초월한 음악적 시도들이 긍정적인 방향으로 나아가기 시작했다. 고전음악은 더 이상 턱시도와 이브닝 드레스의 전유물이 아니게 되었다. 마치 금기처럼 여겨졌던 수많은 파일 음원의 양산이 메이저 음반사들의 주 수입원이 된 것처럼 이제는 누구도 디스크 위에 바늘을 얹지 않는다고 해서 음악 듣는 행위를 가볍다고 비판하지 않는다. 오디오 시대의 별처럼 떠 있는 피아니스트들이 오직 음악만으로 한 방향 소통을 이루어내고 많은 음악 팬들의 상상력을 자극했다면, 오늘날의 애호가들은 보고 듣고 소통하는 세 방향의 소통력을 지니고 있다. 그러한 점에서 우리는 동시대에 함께 살아 숨 쉬는 많은 예술가들과 동질성을 느껴 볼 수 있는 시대에 다다른 것이다.

피아니스트의 세기는 지금도 여전히 진행 중이다. 이들은 시대 조류에 발맞추어 진화하고 있으며, 여전히 수많은 피아니스트들이 리스트 시대와 같은 커다란 팬덤(Fandom)을 형성하고 있다. 어느 누구도 오늘날의 분산된 문화 향유 체계가 고전음악의 붕괴를 가져왔다고 함부로 말할 수 없는 노릇이다.

그러한 의미에서 우리는 20세기를 무대로 활동한 피아니스트들의 행적을 되짚어 볼 필요가 있다. 녹음이라는 새로운 지평은 이들 피아니스트들에 의해 확장되었으며, 피아니스트가 대중들에게 좀 더 다가설 수 있는 기회를 만들어 주었다. 이러한 차원에서 필자가 언급하게 될 20세기 위대한 아홉 명의 피아니스트는 되도록 레코딩으로 쉽게 접할 수 있는 피아니스트들을 선정했다. 물론 여기에 해당되는 많은 피아니스트들이 디지털 레코딩 시대의 서막을 열기도 했다.

피아니스트의 선정은 피나는 고심의 과정이었다. 집필하는 과정 대부분의 시간이 이 '9'라는 숫자와의 싸움이었음을 고백한다. 예전 필립스(Philips)사에서 진행했던 '20세기의 위대한 피아니스트' 시리즈가 72인의 피아니스트를 선정했음에도 불구하고 선정 과정에서 공정하게 망라하지 못했다는 평가를 받았는데, 하물며 9인의 피아니스트 명단에 이러한 아쉬움이 남지 않는 선택을 한다는 건 애초부터 불가능한 일이었을 것이다.

선정 기준에 있어 되도록 동일한 권역의 나라는 피하기 위해 노력했다. 예를 들어 러시아나 독일은 위대한 피아니스트를 너무나 많이 배출했다. 또 되도록 성비에 대한 균형에 있어서도 많은 고심이 있었음을 알아주면 좋겠다. 레코딩을 통해 쉽게 접할 수 있는 연주자인가 아닌가에 대한 기준도 많은 비중을 차지했다. 다만 안타까운 점은 시대 악기(특히 포르테 피아노) 연주자에 대한 배려를 하지 못했다는 것이다. 오늘날 이들이 보여주는 피아니즘은 매우 통찰력이 넘치지만, 아직까지 일반적인 영역은 아니기에 고심 끝에 제외 할 수밖에 없었다.

필자의 좁은 식견으로 9인의 리스트가 완성되는 동안 주변 지인의 조언을 통해 많은 도움을 받았다. 특히 연주자의 선정 과정에서 아낌없는 조언을 해준 '라 무지카'의 김효진 편집장님, 파리 7대학 박사과정의 김승열 선배님, 음악 칼럼니스트 황진규 님께 지면을 통해 감사 인사를 전하고 싶다.

물론 21세기 피아니스트의 시대 역시 매우 훌륭하게 진행되고 있으리라 믿는다. 새로운 매체와 기술이 이들을 보다 자유롭게 하리라 믿어 의심치 않는다. 어느 악기보다도 보편적인, 하지만 한편으로는 보편적이지 않은 이 시대의 통찰력 넘치는 피아니스트들. 이들은 모두 이 시대의 진정한 영웅이다.

마지막 로맨티스트, 아르투르 루빈스타인

"행복의 비결은 바로 삶을 조건 없이 사랑하는 것입니다.
좋은 삶이든 나쁜 삶이든 말이지요."

- 아르투르 루빈스타인

"무대에 오르는 것은 나의 즐거움, 나의 기쁨입니다."라고 말하던 이 낭만주의자가 우리 곁을 떠난 지 벌써 30년이라는 시간이 흘렀다. 2차 대전 이후에도 낭만주의의 깃발을 흔들고 있었던 루빈스타인과 호로비츠[1]라는 이 두 거대한 피아니스트는 살아있는 동안 이미 전설로 불릴 정도로 엄청난 인기를 구가하고 있었다. 만약 어느 애호가가 두 연주자의 음악회를 보러 간다면 기대하는 바가 조금은 다르겠지만 아마 호로비츠로부터는 악마 같은 섬뜩함과 숨 막힐 듯한 기교를, 루빈스타인으로부터는 따스하고 편안한 분위기, 온화하고 아름다운 톤을 기대했을 것이다. 특히 루빈스타인은 무대에 나타나는 것만으로도 청중을 설득시키기 충분했던 이 시대의 진정한 로맨티스트였다.

생애와 어린 시절

아르투르 루빈스타인은 1886년 폴란드의 로즈에서 수공 직물업을 하는 유대인 집안의 막내아들로 태어났다. (태어난 시기에 대해서는 의견이 분분한데, 필자는 최근 SONY-BMG에서 발매한 루빈스타인 전집의 내지를 쓴 버나드 가보티의 견해를 따랐다.) 3세 때부터 음악에 재능을 보이기 시작한 그는 한 번 들은 선율을 잊지 않고 피아노를 칠 수 있었다. 단지 비슷한 선율을 연주하는 것이 아니라 화음, 반주를 주의 깊고 정확하게 연주할 수 있었는데, 그의 부모는 이러한 재능에 놀라 당대 최고의 바이올리니스트였던 요제프 요아힘[2]에게 그를 데려갔다. 요아힘이 슈베르트의 미완성 교향곡 두 번째 주제를 흥얼거리자, 루빈스타인은 그 선율을 연주함은 물론 조옮김까지 해냈다. 당시 이 대가는 루빈스타인에 대해 매우 현명한 처신을 했는데, 바로 6세가 되기 전까지 억지로 어떤 교육도 시키지 말라는 것이었다. 이후 7세가 되어 베를린 음대의 학장이었던 하인리히 바르트의 엄격한 지도를 받았는데 요아힘이 이 신동을 위해 여러 후원자를 주선해 준 덕분이었다. 베를린 시절 루빈스타인은 외젠 달베르[3], 페루치오 부조니[4]), 외젠 이자이[5]), 자크 티보[6]) 같은 위대한 음악가들과 많은 교류를 가졌고, 당시의 기억은 루빈스타인에게 풍부한 음악적 영감을 주었다. 이후 얼마의 세월이 흘렀고, 바르트의 엄격한 스타일이 잘 맞지 않았던지 루빈스타인은 이내 그로부터 도망갈 구실을 찾게 되었다.

요아힘은 당시 전설적인 피아니스트 이그나츠 얀 파데레프스키에게 루빈스타인에 대한 소개장을 써주었고 그를 방문한 루빈스타인은 강렬한 인상을 받게 된다. 그로 인한 자극 때문이었을까? 루빈스타인은 베를린을 떠날 결심을 굳히게 된다. 당시 그의 음악성을 높이 평가하던 공연기획자 콘스탄티 스카르진스키는 루빈스타인을 파리로 초청했고, 그는 그곳에서 다음과 같은 다짐을 하게 된다.

"그야말로 아름다운 광경에 압도되어 말문이 막히고 말았습니다. 한 마디도 할 수 없었어요. 하지만 그때 그곳에서 최대한 많은 시간을 보내겠다는 신성한 맹세를 했습니다."

파리로 떠난 루빈스타인은 새로운 꿈에 부풀었지만 이내 실망 할 수밖에 없었다. 당시 파리의 분위기는 새로운 음악가들에게 그리 호의적이지 못했을 뿐더러 좋은 장소를 빌릴 수도 없었다. 결국 그는 궁핍한 생활을 할 수 밖에 없었다.

미국 순회공연으로 이름을 알리다.

그러던 루빈스타인에게 기회가 찾아왔다. 1906년 카네기 홀에서의 미국 순회연주 제안이 있었던 것이다. 하지만 당시의 공연은 큰 호응을 받지 못했는데 루빈스타인의 기교가 그리 완성된 것은 아니었기 때문이었다.

"나는 몇 가지를 소홀히 여기고 있었습니다. 틀리게 연주하거나 어려운 패시지(음악에서 독립된 발상을 하지 않고 선율 사이에서 빠르게 상행 또는 하행하는 경과적인 악구)는 교묘하게 수정했지요. 사실 나는 타고난 재능에 의존하고 있었을 뿐 연습을 충분히 하지는 않았습니다. 빠른 패시지나 분산 화음을 완벽하게 연습하기 위해 피아노 앞에 몇 시간씩 앉아 있기보다는 공연장에서 위험을 감수하는 편을 선택했지요."

하지만 첫 번째 미국 공연에서 수확이 없었던 것은 아니다. 일단 음악계가 그의 행보를 주목하게 되었고, 1916년 스페인 순회공연에서 최초 4회의 공연이 120회나 연장될 정도로 청중들의 뜨거운 지지를 받았기 때문이다. 이후 1919년과 1921년에 루빈스타인은 또다시 미국을 찾았고 반응은 대단했다. 다만 비평가들만큼은 냉담했는데 아직까지 기술적인 부분이 다듬어지지 않은 탓이었다. 이후 루빈스타인은 자신의 주법에 대한 문제를 자각하기 시작했다.

"후에 다른 사람들이 나를 두고 좀 더 훌륭한 피아니스트가 될 수 있었을 텐데…… 라고 말하지 않을까? 내 아내와 자식에게 남길 것이 이 정도의 명예였나? 라고 생각했다. 그래서 열심히 연습했다. 그날부터 피아니스트로서의 내 삶이 다시 시작되었고 훗날 큰 결실을 거두었다. 나는 즉흥 연주자에서 순수주의자로 바뀐 것이다."

새로운 전성기 그리고 쇼팽

그렇게 갈고닦은 기교는 1936년의 미국 공연에서 빛을 발했다. 당시 미국 무대에서 최고로 인정받고 있던 피아니스트는 파데레프스키[7], 호프만[8], 라흐마니노프, 호로비츠였다. 당시까지 그에게 냉담했던 비평가들은 "6개의 손과 30개의 손가락을 가진 사람"이라는 표현으로 그의 연주를 높이 치켜세웠다. 한편 그에게 명성을 안겨주었던 쇼팽은 그가 젊은 시절부터 지속적으로 프로그램에 포함시켜왔던 영역이었는데, 당시까지 그 자신이나 혹은 호프만의 직선적이고 구조적인 연주 방식으로는 평단의 인정을 받기 어려웠다

"나는 어린 시절부터 쇼팽의 음악을 많이 들으면서 자랐습니다. 하지만 모든 곡들이 지루하고 형편없이 연주되었는데 쇼팽에 관련된 과장된 신화를 너무나 신봉했기 때문이죠. 쇼팽은 연약하고 무력하게 비쳐졌고 감성적인 여자들을 위해 야상곡이나 작곡하는 걷잡을 수 없는 낭만주의자로 여겨졌습니다. 이런 어처구니없는 생각으로 머리가 꽉 차 있는 피아니스트들이었으니 쇼팽을 형편없이 연주할 수밖에……."

하지만 생각과는 달리 그의 쇼팽은 무미건조하다는 평을 들어야만 했다. 스스로 자신의 기교는 불완전하지만 음악적으로는 완성되어있다고 생각했으나 평단은 그와 반대의 평가를 내

린 것이다.

"나는 고집스럽게 쇼팽을 프로그램에 계속 집어넣었습니다. 비평가들 또한 지겹게 똑같은 평을 써댔죠. 한참 후에야 내 해석이 타당한 것으로 인정받았습니다. 그리고 비로소 나는 쇼팽을 나의 식대로 청중들에게 들려 줄 수 있었습니다."

두 번의 전쟁, 그리고 청중이 가장 사랑한 피아니스트

루빈스타인은 자신의 영달만을 추구한 양심 없는 예술가가 아니었다. 그는 영국 신문을 통해 독일군이 벨기에를 침공했다는 뉴스를 접하고 군에 입대하려 동분서주했지만 군은 그의 입영을 받아들이지 않았다. 이후 영국에 정착한 그는 적십자를 돕기 위해 많은 연주회를 열었다. 제2차 세계대전이 일어났을 때 그는 미국에 있었고 그대로 정착하여 1946년에는 미국 시민권을 획득하였다. 이때 우리에게 잘 알려진 백만 불 트리오(야샤 하이페츠[9], 에마누엘 포이어만[10])를 결성하여 실내악 활동에 집중하기도 하고, 카네기홀에서 대장정의 음악회를 여는 등 미국에서 제2의 전성기를 맞이한다. 그는 세상에서 가장 유명한 피아니스트가 되었고, 그의 연주회 일정이 발표되면 매표소에는 매진 문구가 내걸렸다.

"내가 연주하는 작품을 쓴 작곡가들은 보잘 것 없는 돈밖에 벌지 못했습니다. 하지만 나는 연주회와 레코딩으로 많은 돈을 벌고 있죠. 그래서 얼마나 양심의 가책을 받는지 모릅니다. 이

얼마나 불공평한 현실입니까?"

마지막 로맨티스트

청중들은 루빈스타인의 공연에서 따뜻함과 안정감을 느꼈다. 물론 루빈스타인도 이따금 긴장을 하긴 했지만 청중은 전혀 그러한 점을 알아차릴 수 없었다. 그는 타고난 무대형 연주자였기 때문이다. 그는 젊은 세대의 피아니스트들이 자신보다 피아노는 훨씬 잘 치지만 무대에 올라서면 마치 가게 점원처럼 평범한 인간이 된다고 말했다. 그는 대중 앞에서 연주하는 것을 무척 좋아했고 청중은 그를 사랑했다.

"나는 연주여행 다니는 것을 좋아합니다. 호텔은 나를 활기차게 만들죠. 비행기 기내식도 정말 좋아합니다. 그리고 대중들과 만나게 되면 즐거운 대화가 주는 매력을 느끼게 됩니다."

루빈스타인은 낭만주의의 기치를 마지막까지 내건 피아니스트였지만, 동시에 낭만주의의 저속한 면은 피하고 좋은 면만 모두 취한 현명한 자세를 취했다. 그는 선율의 흐름을 끊거나 리듬을 마음대로 늘이거나 줄이지 않았다. 전반적으로 표준적인 템포를 유지했으며, 급작스러운 감정 몰입 없이도 충분히 아름답고 감성적인 연주를 들려줄 수 있는 연주자였다.

젊었을 때의 그는 한때 방만하고 기교가 완성되지 않은 불완전한 모습을 보였지만, 결혼을 하고 기교를 다듬은 이후 죽을 때까지 최고의 피아니스트 자리를 유지할 수 있었다. 루빈스타인은 따스한 성품을 지녔고, 지적 호기심이 강했으며 상당한 수준의 와인, 미술 애호가였다. 그의 연주에서 건강한 빛을 느낄 수 있는 것은 이러한 복합적인 요인들이 어우러졌기 때문일 것이다. 그는 대중 앞에서 83년 동안 연주를 했고 말년에 손가락과 기억력이 뜻대로 되지 않을 때조차 젊은이의 발랄함만은 지니고 있었다. 백발을 휘날리며 연주를 하고 있는 그의 모습이 담긴 사진은 우리에게 영원한 젊음이란 이런 것이라고 역설하는 듯하다. 그는 영원한 청년이었고 영원한 로맨티스트였다.

추천음반

쇼팽 피아노 협주곡 1번/지휘: 스타니슬라브 스크로바체프스키/런던 뉴 심포니 오케스트라/SONY-BMG 82876679022

루빈스타인의 대가적 기품이 잘 드러나 있는 음반이다. 오늘날의 관점에서는 너무나 표준적이어서 그리 큰 감흥이 느껴지지 않을 수 있지만, 여러 번 들을수록 작품의 내부로 이렇게 깊숙이 수렴하는 연주는 그리 많지 않다. 루빈스타인만의 우아하고 기품 있는 톤이 빛을 발하는 음반이며, 그의 여러 종의 1번 협주곡 레코딩 중에서도 연주의 깊이, 음질 등 모든 면을 충족시키는 최고의 음반이다.

쇼팽 녹턴 전곡/SONY-BMG 88697687122

쇼팽을 있는 그대로 연주하는 전통은 루빈스타인의 지속적인 노력에 의해 확립되었다. 여러 자의적인 해석이 난무하지만 이 대가의 담백하고 균형 잡힌 해석을 들어보면 다른 해석들이 과잉된 감성을 담고 있다는 생각이 들 것이다. 그가 구현하고자 한 것은 병약한 쇼팽이 아니라 건강한 쇼팽이었다.

신을 위해 모차르트를 연주하다, 클라라 하스킬

"평생 세 사람의 천재를 만났는데 한 사람은 아인슈타인,
한 사람은 윈스턴 처칠, 또 한 사람이 클라라 하스킬이다."

- 찰리 채플린

클라라 하스킬의 음악세계를 단적으로 표현하면 '진흙 속에서 피어난 꽃'이라고 말할 수 있을까? 그녀가 남겨놓은 소중한 유산을 듣고 있자면 좀처럼 견뎌내기 힘든 역경에도 불구하고 한 사람이 음악가로서 또 한 개인으로서 얼마나 맑은 영혼을 지닐 수 있는지 깨닫게 만든다. 고단한 삶을 살았지만 그녀가 음악의 샘에서 길어 올린 물은 그만큼 순수하고 투명했기 때문이다. 입버릇처럼 자신은 청소부나 되었어야 할 인생이라 말하

곤 했던 이 겸손한 피아니스트는 다른 피아니스트들과 같이 뛰어난 비르투오시티(뛰어난 연주 기교나 기술)를 과시하기보다는 내면 깊숙이 숨겨져 있는 기쁨이나 슬픔 같은 정제된 감정을 차분하게 설파하곤 했다.

탄생과 어린 시절

클라라 하스킬은 1895년 루마니아의 수도 부쿠레슈티에서 태어났다. 그녀의 집안은 스페인계 유대인 가정이었으며 4세 무렵 아버지가 사망하여 거의 어머니 손에 의해 자랐다. 그녀는 어린 시절부터 피아노에 천재적인 재능을 보였는데 5세 되던 무렵, 악보를 볼 줄 모르는 상태에서 모차르트의 소나타 한 악장을 듣고 그 자리에서 똑같이 연주한 후, 다시 다른 조로 바꾸어 연주할 정도였다. 그녀의 천재성에 감복한 친척 아저씨는 7세의 하스킬을 빈으로 데려가 데뷔시키고, 지휘자 조지 셸[11], 피아니스트 루돌프 제르킨[12]의 스승으로 유명한 리하르트 로베르트의 지도를 받게 했다. 11세에는 파리 음악원에 입학해 가브리엘 포레[13]로부터 작곡 이론을, 알프레드 코르토[14]로부터 피아노를 배웠다. 당시 이 천재소녀를 가르쳤던 코르토는 교육 석 달 만에 더 이상 가르칠 것이 없다며 그녀의 재능을 높이 평가하기도 했다. 하스킬은 입학 4년 만에 피아노와 바이올린 전공을 동시에 수석으로 졸업하고, 이즈음 바이올리니스트 외젠 이자이, 조르주 에네스쿠[15], 첼리스트 파블로 카잘스[16]의 반주자로 활동하는 등 이미 유명한 연주자로 부상하고 있었다. 한편 본인이 편곡한 바흐의 샤콘을 연주하고, 브람스의 피아노 협주곡을 단 며칠 만에 익혀 연주하기도 했는데, 이러한 모습을 지켜 본 이탈리아 피아노의 전설 페루치오 부조니는 그녀를 즉시 베를린으로 초청했다. 경제적으로 여유가 없었던 그녀의 어머니가 부득이하게 그의 호의를 거절할 수밖에 없었지만, 어찌됐든 그녀의 앞길은 이미 널찍이 열려 있는 셈이었다. 다만 그러한 행복이 채 3년을 넘기지는 못했다. 치명적인 병마가 그녀를 기다리고 있었기 때문이다.

시작된 고난, 그리고 재기

18세가 되던 해, 그녀는 다발성 신경경화증(Multiple Sclerocis)이라는 불치병을 앓게 된다. 이 무서운 병으로 인해 하스킬은 피아니스트로서 가장 활발하게 활동해야 하는 시기를 놓치고, 몸에 보조기를 단 채 4년의 긴 투병생활을 해야만 했다. 이 기간 동안 그녀의 허리는 계속 굽어져 결국 꼽추가 되었고, 아름다운 외모 또한 점점 변해 20대에 이미 노파처럼 보였다. 설상가상으로 그녀의 헌신적인 조력자였던 어머니조차 하스킬의 나이 23세 때 세상을 떠났다. 제1차 세계대전이 발발했을 때도 그녀는 침대에 누워 병마와 싸우고 있었다.

하지만 불굴의 의지로 모든 어려움을 극복한 하스킬은 1921년 모차르트로 다시 무대에 복귀했고 당당히 재기에 성공했다.

또 1924년부터는 미국과 캐나다, 영국 무대를 종횡무진하며 활발한 활동을 펼쳤다. 하지만 곧 제2차 세계대전이 발발하여 다시 연주를 중단할 수밖에 없었다. 당시 그녀는 유대인 핏줄을 지니고 있었기 때문에 나치가 파리를 점령하자마자 마르세유로 피신할 수밖에 없었다. 이 가혹한 운명은 하스킬에게 엄청난 스트레스를 안겨주어 그녀는 다시 뇌종양이 시신경을 누르는 큰 질병을 앓게 된다. 자칫 실명을 하게 될 지도 모르는 위기였다. 하지만 그녀를 추종하던 유명한 유대계 의사가 직접 마르세유로 건너와 어려운 수술을 성공적으로 집도했고, 다행스럽게도 그녀는 다시 일어날 수 있었다. 한 사람에게 어떻게 이런 가혹한 운명이 주어졌는지 의문이지만, 결국 하스킬은 이 모든 위기로부터 스스로를 지켜냈다.

종전까지 마르세유에서 숨어 지내던 그녀는 전쟁이 끝나자 마르세유를 경유, 스위스에 입국하고 스위스와 네덜란드 두 나라를 자신의 연주 거점으로 삼게 된다. 그리고 연주자로서 인생의 마지막 불꽃을 태우게 된다.

모차르트를 위해 하늘에서 보낸 대리인

초기 파리에 체류했던 하스킬을 두고 프랑스의 많은 지인들은 그녀가 프랑스 음악 문화의 진정한 표본이었으며 우아한 품위를 갖추었다고 치켜세웠다. 하지만 실제 그녀는 향수도 뿌리지 않았고 그다지 우아하지도 않았다. 사실 그녀는 좀처럼 파리에서 연주할 기회조차 없었으며, 자아도취적인 파리의 애호가들에 대해서 꽤 비판적인 자세를 지니고 있었다. 그녀가 파리에 체류하는 동안의 상황은 그녀의 다음과 같은 말을 통해 짐작 할 수 있다.

"아무도 나를 연주하게 하지 않아. 나를 좋아하는 사람은 파리에 아무도 없어."

또한 그녀의 성품은 억셌고, 한 번 상한 감정은 오랫동안 품고 사는 성격이었다. 한 일화로 스승인 코르토가 제자들 앞에서 그녀의 연주에 대해 "이 부분을 반복해 보세요. 마치 당신은 청소부처럼 연주를 하고 있군요!"라며 면박을 준 일이 있었는데, 40년 후 자신의 연주회를 축하하러 온 코르토에게 "이제 제가 청소부처럼 연주하지 않는다는 말이죠?"라며 되물을 정도였다.

앞에서 언급한 것처럼 하스킬은 프랑스 레퍼토리에 관해 특별히 언급할 점이 없었을뿐더러 쇼팽도 그녀의 레퍼토리 범주에 들어가지 못했다. 그녀의 주 영역은 모차르트와 베토벤, 슈베르트와 슈만이었으며, 특히 그녀의 모차르트는 "신이 모차르트를 대신해서 보낸 대리인"이라는 별칭을 얻을 정도로 높은 평가를 받았다. 그녀의 연주를 들은 토머스 비첨 경[17]은 즉시 그녀를 모차르트 협주곡의 파트너로 초청했으며 헤르베르트 폰 카라얀[18]은 그녀의 충성스러운 숭배자이자 지지자였다. 당시 카라얀은 그녀와 함께 한 연주에 대해 다음과 같은 평가를 남겼다.

"그녀와 연주를 하면 어떠한 희망사항도 남겨놓지 않는 완벽함 느낌을 받는다. 통상 연주 전 지휘자와 솔리스트가 주고받는 템포와 뉘앙스, 프레이징(악상을 자연스럽게 분할해서 정리하는 것)에 관해 의견을 교환한 후 미처 나누지 못한 대화가 있을 수 있다. 하지만 하스킬과 함께 하면 그 모든 문제가 자동으로 풀려나간다."

러시아의 여류 피아니스트 타티아나 니콜라예바[19]가 전했던 다음의 일화도 하스킬의 모차르트 연주에 대한 위대함을 잘 드러내주고 있다.

"나는 당시 새로운 토스카니니[20]라고 불리는 카라얀을 만나기 위해 잘츠부르크를 방문했다. 당시 그는 한 번도 들어보지 못했던 이름인 클라라 하스킬을 언급하며 솔리스트라면 저 정도의 수준은 지니고 있어야 한다고 말했다. 이후 하스킬이 무대에 등장하는 모습은 몹시 실망스러운 것이었는데 구부정한 자세에 희끗희끗한 백발은 마치 마녀와 같았고, 마치 무엇인가에 홀려 있는 사람 같았다. 오케스트라의 서주는 훌륭하게 시작되었지만 그녀는 그때까지 연주에 몰두하지 않는 듯했다. 하지만 클라라 하스킬이 두 손을 건반 위에 올려놓는 순간 내 얼굴에는 눈물이 흐르고 있었다. 최고의 모차르트 연주자를 발견한 것이다."

세기의 듀오, 그뤼미오와 하스킬

찰리 채플린은 그녀를 위해 스위스 베베이로 스타인웨이(미국의 유명 수제 피아노)를 공수할 정도로 그녀의 음악을 사랑했고 많은 명인들이 그녀의 예술을 앞다투어 찬양했다. 그러한 찬사에도 불구하고 본격적인 레코딩은 그녀의 나이 52세가 되는 1947년에나 이루어졌다. 그녀의 투명하고 순수한 연주관이 확고하게 자리 잡은 후였다. 그녀는 26세 차이의 젊은 바이올리니스트인 아르투르 그뤼미오[21]와 듀오를 이루어 연주를 시작했는데, 당시 밝고 아름다운 음색을 지닌 그뤼미오의 바이올린과 하스킬의 피아노는 천상의 하모니를 자랑했다. 이들은 베토벤의 바이올린 소나타 전곡과 모차르트의 소나타 일부를 남겼는데, 특히 모차르트 소나타에 있어 이들의 앙상블은 지금까지도 동종 레퍼토리 중 가장 뛰어난 연주로 사랑받고 있다. 자신의 연주에 대해 무서울 만치 객관적이었던 하스킬은 녹음이 끝나고 몇 주나 몇 달이 지난 다음, 내면적으로 거리를 둘 수 있다고 판단되었을 즈음 자신의 음반을 듣곤 했는데 대체로 그녀는 자신의 연주에 대해 다음과 같이 혹독한 평을 내리곤 했다.

"지금 금방 모차르트 KV.271과 KV.466을 들었는데 모두 너무 실망스럽다. 아마 내 평생 진정 만족할 만한 음반은 하나도 못 만들고 죽을지도 몰라."

다만 그녀는 그뤼미오와 함께 했던 모차르트 소나타에 대해서만큼은 담담한 어조로 말하곤 했는데, 특히 KV.304는 슈만

의 아베크 변주곡, 숲의 풍경과 더불어 스스로도 괜찮은 음반
이라 평가했던 연주였다.

그녀, 영면하다.

　그녀의 연주는 과장하지 않는 순수함을 지니고 있었다. 젊
은 시절의 연주에서 하스킬은 혈기왕성하고 격렬한 감성을 보
이기도 했지만, 점차 그녀는 자신의 연주를 통해 좋은 인상을
남기려는 인위적인 시도를 하지 않았다. 아마도 우리가 그녀의
연주에서 무한히 감동받는 이유는 이렇게 꾸밈없는 천진함 때
문이리라.

　신은 그녀에 대한 욕심을 마지막까지 누그러뜨리지 않았는
데 1960년 12월 파리에서 그뤼미오와 함께 '소나타의 밤' 공연
을 마친 하스킬은 브뤼셀 역의 딱딱한 콘크리트 계단에서 실
족하여 쓰러지고 말았다. 꺼져가는 불꽃을 살려내기 위해 의
사들은 최선을 다했는데, 잠시 의식이 돌아온 하스킬은 그녀의
자매인 잔과 릴에게 다음과 같이 말했다.

　"그뤼미오 씨에게 내가 함께 연주회를 계속하지 못해 얼마나
미안해하는지 전해주거라."

　하지만 모차르트의 부름이 조금 빨랐던 것일까? 하스킬은
다음과 같은 말을 남기며 임박한 죽음을 맞이했다.

　"그래도 손은 다치지 않았잖니!"

　정확히 66세 생일을 한 달 앞둔 1960년 12월 7일이었다. 신

이 보낸 모차르트의 대리인은 그렇게 우리 곁을 떠났다.

추천음반

모차르트 바이올린 소나타 KV.304 등
바이올린: 아르투르 그뤼미오/Philips 412253-2
하스킬이 자신의 녹음 중 스스로 만족했던 음반의 하나이
다. 밝고 우아한 음색으로 당대 최고의 명성을 구가했던 그뤼
미오와 이미 전설로 통했던 하스킬. 이 두 명인은 앙상블로 인
생 최고의 정점을 맞이했다. 특히 KV.304에서 들려주는 하스
킬의 청초하고 순정한 피아니즘과 밝은 색채로 약동하는 그뤼
미오의 앙상블은 현재까지 그 어떠한 조합으로도 재현 불가능
한 순간을 만들어내고 있다.

모차르트 피아노 협주곡 20번 KV.466, 24번 491
지휘: 이고르 마르케비치/라무뢰 오케스트라/Philips 464718-2
그녀는 특히 20번 연주를 많이 남겼는데 프리차이, 파움가
르트너, 뮌시, 힌데미트 같은 명장들의 지원을 받았다. 그중 생
애 마지막 해에 남긴 마르케비치와의 연주는 오케스트라의 음
색이 다소 거칠게 느껴짐에도 불구하고 그녀만의 예술관이 집
약되어 특유의 투명함과 순수함을 들려준다. 점층적인 어두움
과 빛의 교차로 이루어진 아름다운 순간이 음악을 듣는 내내
우리를 압도한다.

엄숙한 독일 정신의 계승자, 빌헬름 켐프

"나는 무게감이 없는 완성된 형태의 음악을 저 높이서 조망할 수 있는 경지를 지향해왔다. 보기 흉한 음악 혹은 잘라내듯 떨어져나간 음표들, 긴장되어 있거나 힘에 벅찬 요소 모두를 나는 반대한다."

- 빌헬름 켐프

빌헬름 켐프라는 이름은 독일 피아니스트 계보에서 반드시 거론되어야 하는 이름이다. 그 이유는 아마도 그가 따랐던 학파의 영향으로부터 비롯될 것이며 베토벤 연주의 현대적인 전형을 남겨놓은 것도 그 이유 중 하나가 될 것이다. 슈나벨[21] 이후 두 명의 빌헬름(켐프와 박하우스)이 초기 베토벤 소나타의 레코딩 시대를 주름잡았고, 박하우스[22)]가 열정과 낭만으로 점철된 뜨거운 베토벤 상을 구현했다면 켐프는 보다 보편적이고 객관적인 감성을 중시하면서 서정적인 연주를 추구한 연주자였다. 그가 이끌어낸 구조적인 접근법은 이후 베토벤 연주사에서 많은 계보를 이끌어 냈는데, 켐프의 연주를 듣다보면 확실히 작품의 논리적인 재미를 알게 된다.

탄생과 어린 시절

빌헬름 켐프는 1895년 독일 브란덴부르크의 위테르보르크에서 태어났다. 아버지는 음악 학교의 교장이자 루터파 교회의 오르가니스트였으며 동시에 성가대 지휘자였는데, 그의 할아버지 역시 부친과 비슷한 직함을 갖고 있었다. 또 삼촌은 에를랑엔 대학의 음대 교수였고, 두 살 위의 형 또한 유명한 오르가니스트가 되었으니 한 마디로 유명한 음악가 집안이었다. 아버지는 포츠담으로 이사하여 니콜라스 교회 오르가니스트로서 새로운 자리를 맡게 되는데, 이때 켐프는 포츠담에서 아버지에게 오르간을 배우는 등 음악의 기초를 닦게 된다. 켐프가 피아노를 배우게 된 것은 운명과도 같았는데 당시의 충격을 켐프는 다음처럼 회고하고 있다.

"아버지가 무거운 악보를 들고 피아노 연주를 시작했다. 피아노 위에 올려진 악보 위의 갖가지 악상 지시가 마법의 기호처럼 느껴졌다. 눈물이 흐를 것 같았다. 아버지에게 이건 누가 쓴

거냐고 물었다. 당연히 하느님이라는 대답이 나올 줄 알았는데 아버지는 베토벤이라고 대답했다."

5세 무렵의 그는 이미 천부적인 재질을 보여 바흐의 평균율을 암보로 조옮김 할 수 있을 정도였고, 6세에는 첫 피아노 소품을 작곡할 수 있을 정도로 신동의 소질을 보였다. 켐프는 9세에 베를린 음대 예비학교에 피아노와 작곡 전공으로 입학 허가를 받게 된다. 당시 그의 작곡 스승은 브람스와 절친했던 로베르트 칸이었고, 피아노 스승은 리스트의 제자이자 당대 최고의 피아노 교사로 이름 높은 하인리히 바르트(아르투르 루빈스타인의 스승)였다. 당시 바르트는 켐프를 자신의 후계자로 낙점했는데 마치 한스 폰 뷜로우[24]가 리스트와 체르니에게 전하고, 다시 체르니가 베토벤의 줄기를 이루고 있는 것처럼 베토벤에 대한 켐프의 정체성은 엄청난 상징성을 띠게 되었다. 또 베를린 음대 졸업과 동시에 독일 음악계의 적자에게 수여되는 멘델스존 메달도 수여받았는데, 이때부터 그는 독일음악 정신을 엄숙하게 계승하기 시작한다. 졸업 후 그가 스칸디나비아에서 가졌던 첫 외국 순회연주는 그의 명성을 세계로 알리는 계기가 되었고 아르투르 니키쉬[25]와의 베를린 필하모닉과의 협연, 베토벤 후기 소나타로 꾸며진 독주회를 여는 등 피아니스트로서의 입지를 다지게 된다.

교육자 그리고 작곡가

　켐프의 독일인다운 철저한 마이스터 정신은 교육자로서도 빛났는데 1924~1929년까지 슈투트가르트 뷔르템베르크 음대에서 학장으로 근무했고, 1931~1941년까지는 포츠담에서 에트빈 피셔[26]와 발터 기제킹[27], 엘리 나이[28] 같은 피아니스트들과 함께 마스터 클래스를 열기도 했다. 그는 말년까지 교육에 대한 열정을 굽히지 않았는데, 그가 1957년 이탈리아의 포지타노에서 개최한 베토벤 클래스는 그들의 제자인 게르하르트 오피츠와 존 오코너에게 이어져 그의 정신을 계승하는 클래스가 지금도 개최되고 있으며, 이곳은 베토벤의 음악을 추종하는 이들의 성지가 되었다. 그의 유명한 제자 중 하나인 피아니스트 이딜 비렛은 다음과 같이 말한다.

　"독일, 영국, 프랑스, 이탈리아 문학에 두루 정통해서 놀랄 지경이었죠. 음악을 설명할 때 그리스, 로마의 역사와 철학, 신화가 마구 쏟아져 나오는 거에요."

　한편 켐프는 두 개의 전공 중 작곡을 절대 포기하지 않았는데, 이 점은 경쟁자였던 박하우스에 비해 그가 기교적인 면에서 낮은 평가를 받게 되는 원인이 되었다. 이후 그는 작곡가의 자격으로 1932년 프러시아 예술 아카데미의 정회원으로 선출되었는데, 그는 이미 1930년대 들어서 교향곡, 오페라, 현악4중주, 바이올린 협주곡 등 많은 작품 목록을 보유하고 있었다. 1937년 이후 작곡은 하지 않았지만 바흐의 작품들을 피아노용

으로 편곡하여 출판하는 등 작곡가로서 자신에게 주어진 직무
에 충실했다.

전쟁과 새로운 도약

포츠담에서 마스터 클래스를 열던 시절, 켐프는 오르가니
스트로서 활동하기도 하고 바이올리니스트 게오르그 쿨렌캄
프[29]와 듀오를 이루어 실내악 활동에 전념하기도 했다. 또 유
럽 각지, 남아메리카, 일본, 파리에서 활약하며 명성을 얻게 된
다. 제2차 세계대전 당시 히틀러의 정책에 수동적이었던 켐프
는 음악적으로 고립되었고 모든 연주활동을 중단했다. 그는 작
곡에 깊이 몰두했고 전쟁이 끝나자 러시아군의 점령지가 된 고
향을 떠나 바이에른 주로 이사했다. 오랜 시간 침묵하던 켐프
는 1951년 영국순회연주를 기점으로 피아니스트로서의 활동
을 재개하는데 당시 그의 모습은 이전과 확연히 달라져 있었
다. 이전의 켐프는 작은 소품을 연주할 때조차 2~3군데의 미스
터치(건반을 잘못 누르는 것)를 내곤 했지만, 영국에서의 연주 당시
켐프는 튼튼한 기교의 기초 위에 특유의 구조적이고 사색적인
자신만의 톤을 선보여 이미 명인의 반열에 오른 상태였다. 사
람들은 비로소 그가 침거한 동안 작곡에만 몰두한 것이 아니
라는 사실을 깨달았다. 루빈스타인이 결혼 이후 자신의 문제를
인식하고 스스로 연마했던 것처럼 켐프도 연주 연습을 처음부
터 다시 시작했던 것이다. 이후 켐프는 파블로 카잘스, 피에르

푸르니에[30], 예후디 메뉴인[31], 헨릭 셰링[32]과 함께 실내악 활동을 하며 전후 자신의 기량을 마음껏 드러냈다. 1951년 켐프는 자신의 인생에 대한 회고가 담긴 자서전을 발표하는데 이는 인생의 후반전이 아닌 전성기를 알리는 신호탄이 되었다.

베토벤은 내 운명

켐프에게 있어 베토벤은 운명과 같았다. 그는 자신에게 맡겨진 사명에 충실했는데 베토벤의 피아노 소나타 전집을 40년 동안 무려 세 번이나 녹음했다. 그의 SP시대 첫 번째 녹음은 1926년부터 진행되었는데, 비슷한 시기에 시작해 켐프보다 먼저 전집을 완성한 슈나벨은 만약 자신이 전집 녹음을 완성하지 못할 때에는 켐프에게 남은 녹음을 맡겨달라고 부탁할 정도로 그의 권위를 인정했다.

첫 녹음자로서 슈나벨의 위상은 대단한 것이지만 다소 급박한 템포와 정교하지 못한 연주 때문에 초기 레코딩 시대에도 켐프의 연주가 상대적으로 더욱 빛나게 되었다. 이후 LP시대가 도래하면서 1951년~1956년 사이 켐프는 두 번째 전집을 녹음했는데 당시 최고의 기량을 지니고 있던 그의 구조적인 건축미와 박력이 돋보인다. 현재 애호가들에게 가장 잘 알려져 있는 전집인 스테레오 전집은 1964년~1965년 사이에 녹음되어 그가 말년에 구사한 자연스러운 흐름과 서정미가 담뿍 녹아있다. 피아노 협주곡 전곡도 두 번에 걸쳐 녹음했는데 먼저 1953년 파울 판 켐펜[33]지휘/베를린 필하모닉의 연주로, 이후에는 페르디난트 라이트너[34]지휘/베를린 필하모닉의 연주로 두 번째 스테레오 녹음을 남겼다. 그에게 베토벤은 일상과도 같았으며 노년으로 갈수록 더욱 강건하고 단정한 매무새를 보였다. 과거의 전통으로부터 새로운 현대상을 제시한 켐프의 베토벤 연주를 통해 우리는 과거의 소리와 현재의 울림을 동시에 들을 수 있게 되었다.

대가의 영면

켐프가 86세가 되던 1981년, 파리 연주를 마치고 그의 부인은 다음과 같은 짧은 문서를 발표했다.

"이번 파리 공연은 남편에게 마지막 공연이 될 것입니다. 그는 지금 병을 앓고 있습니다."

당시 켐프는 파킨슨병을 앓고 있었던 것으로 전해진다. 하지만 5년 뒤 그의 부인이 먼저 사망했고 켐프는 자신이 베토벤 클래스를 개최하던 포지타노 별장을 집으로 삼아 1991년 죽을 때까지 그곳에 머물렀다.

그의 피아니즘을 단지 몇 단어로 압축하기는 어렵다. 하지만 그의 연주는 항상 확신에 차 있었으며 그의 연주가 독일 음악의 전통 위에 우뚝 서 있다고 믿게 만들었다. 그의 연주는 누구나 쉽게 이해할 수 있었으며, 악보에 충실하면서도 거기에만 얽매이진 않았다. 언젠가 시벨리우스를 위해 함머 클라비어를 연주해주고, 켐프는 시벨리우스로부터 다음과 같은 말을 들었는데 아마도 이는 켐프를 가장 잘 표현한 문장이리라.

"당신은 피아니스트처럼 연주하지 않는군요. 마치 인간 그 자체처럼 연주해 주었습니다."

추천음반

바흐 골드베르크 변주곡/DG 439978-2

보편적인 연주를 들려줄 것 같지만 의외로 그의 연주는 굴드를 연상시킬 정도로 파격적이다. 모든 장식음은 배제하고 베토벤의 후기 소나타를 듣는 것만큼이나 독특한 낭만성으로 가득 차 있다. 오르간 연주자답게 지속음이나 연결음의 구사에서 독특한 뉘앙스를 발휘하고 있으며 큰 자극 없이 들어 볼 수 있는 연주이다. 처음으로 레퍼토리를 접하기 보다는 다른 연주자의 연주에 익숙해진 후 들어보면 그 파격을 더욱 강하게 느낄 수 있을 것이다.

베토벤 피아노 소나타 전집/DG 429306-2

그의 세 번째 전집으로 아마도 많은 전집 중 첫 번째로 추천되는 음반일 것이다. 그의 연주는 자극적이거나 격렬함보다는 객관적인 시선으로 작품의 내부를 투사한다. 최근 연주에 비해 다소 심심하다거나 터치의 가벼움, 유약한 감정의 흐름을 단점으로 꼽아 그의 두 번째 레코딩을 최고의 연주로 꼽는 이들

도 있지만, 관조적인 시선으로 작품의 전체적인 조망을 이끌어
내는 그의 마지막 전집은 이 시대의 가장 표준적인 베토벤상일
것이다.

구도자와 수수께끼, 스비아토슬라프 리흐테르

"무릇 연주가란 하나의 실행자다.

작곡가의 의지를 정확하게 실행하는 사람인 것이다."

- 스비아토슬라프 리흐테르

스비아토슬라프 리흐테르가 연주에 있어 일종의 객관화를 추구했다는 사실은 이미 잘 알려져 있다. 다른 예술가들의 연주를 들으며 끊임없이 요구했던 '작곡가의 의도' 내지는 '객관적인 악보의 투사'는 그가 말년까지 고수했던 방식이었다. 리흐테르가 스승 겐리크 네이가우스[35]와 함께 끊임없이 고뇌했던 음색에 대한 탐구 역시 '작곡가의 의지'를 실행하기 위한 노력이었을 것이다. 하지만 그가 남긴 무수한 연주들이 그런 의지를 정확하게 실행했는지는 알 수 없다. 다만 그가 남긴 수많은 연주들이 너무나 거대한 존재로 우리 가슴 속에 남아 있다는 사실만 알 수 있을 뿐이다.

탄생과 어린 시절

스비아토슬라프 리흐테르는 1915년 제정 러시아 지배의 지토미르(현재 우크라이나)에서 태어났다. 그의 성으로 미루어 알 수 있듯이 그는 독일계 혈통을 물려받았는데 그의 조부는 피아노 제작자로서 고향을 떠나 지토미르에 정착했다. 리흐테르의 아버지는 그곳에서 태어나 자랐으며, 이후 피아노와 작곡을 공부하기 위해 빈으로 유학했다. 당시 동급생이었던 프란츠 슈레커[36]와 깊은 우정을 맺기도 했고 그리그 같은 작곡가와도 교유했다. 또 빈 오페라 극장과 바그너에 깊은 애정을 가지고 있어 어린 리흐테르에게 그 이야기를 자주 들려주곤 했는데, 어린 시절의 이러한 경험은 그가 초기에 가졌던 음악관에 절대적인 영향을 미치게 되었다. 아버지가 오데사 음악원의 교수 자리에 부임하게 되면서 리흐테르 역시 오데사의 학교에 입학하게 되었는데 기존 교육 체계에 도무지 적응을 할 수 없어 학교를 빼먹는 일이 잦았다. 또 피아노 연주에 열중해있어 전 과목을 공부할 수 없었던 리흐테르는 16세가 되어서야 겨우 학교를 졸업할 수 있었다. (그는 졸업을 일종의 해방이라고 회고했다.)

뛰어난 음악가 집안이었던 만큼 그가 가정교육을 통해 피아노를 배웠으리라 생각할 수 있지만, 그의 아버지는 리흐테르에게 큰 재능이 없다고 판단해서인지 아들에게 피아노를 가르치지 않았다. 초기에 집중적인 음악교육이 이루어지지 않았다는 점은 위대한 피아니스트들의 과거와 상당히 비교되는 예일 것이다. 거의 독학으로 피아노를 습득한 그는 난곡으로 알려진 리스트의 B단조 소나타를 암보로 연주 할 수 있는 실력을 갖추게 되었으며, 이후 음악학교에 진학하는 대신 오데사의 필하모니 협회와 음악극장에서 반주 피아니스트로 근무하게 된다. 당시 그의 사진들을 보면 리흐테르가 스크린을 보면서 거기에 맞추어 피아노를 치는 모습을 볼 수 있는데, 청중이 아닌 스크린을 보면서 피아노를 쳐야 한다는 사실이 그에게 일종의 자극제가 되었으리라 짐작해 볼 수 있다. 피아노를 체계적으로 공부해야겠다는 절박한 생각에 사로잡히게 된 것이다.

겐리크 네이가우스, 그 운명의 만남

리흐테르가 오늘날 러시아 스쿨의 대부로 일컬어지는 겐리크 네이가우스를 만난 것은 1937년 그의 나이 22세 때의 일이다. 네이가우스는 유명한 음악 가문에서 태어났는데 호로비츠의 스승이었던 펠릭스 블루멘펠트의 조카였고, 그의 스승은 그 유명한 레오폴트 고도프스키[37]였다. 그는 리흐테르를 만났을 당시를 다음과 같이 회상하고 있다.

"나는 오데사에서 온 한 젊은 음악가의 연주를 들어달라는 부탁을 받았다. 그가 어떤 정규 음악 교육도 받지 않았다고 했고 나는 약간 어안이 벙벙했다. 그는 피아노 앞에 앉더니 길고 유연하면서도 힘차 보이는 손을 건반 위에 올려놓고 연주를 하기 시작했다. 그 연주의 경이로운 음악적 관통력은 단박에 나를 매료시켰다. 그 자리에 있는 사람들은 누구나 바랐을 것이다. 그의 연주가 계속되기를, 그 시간이 영원히 끝나지 않기를…… 그날 리흐테르는 나의 제자가 되었다."

네이가우스의 호의 덕분에 그는 어떠한 절차 없이 모스크바 음악원에 입학할 수 있었다. 다만 조건이 하나 있었는데 음악과 상관없는 필수 과목들을 이수해야 한다는 것이었다. 하지만 정규교육에 익숙하지 않은데다가 엄격함을 배척했던 리흐테르는 1학년을 마치기도 전에 두 번이나 퇴학 처분을 받고 오데사로 돌아갔다. 하지만 야생마 같던 제자를 붙잡을 수 있었던 건 네이가우스의 위대한 음악성보다 앞섰던 그의 따스한 성품과 훌륭한 인격 덕분이었다. 제자의 마음을 붙잡은 이후 그는 특유의 교수법을 통해 음색에 대한 감각과 정교함을 터득할 수 있도록 도와주었다. 지금까지 체계적인 교육을 받지 못했던 그의 방만한 터치는 네이가우스를 통해 더욱 정공적인 방법을 찾게 되었고 음악적인 인격을 도야할 수 있게 되었다. 음악과 상관없는 철학 같은 과목을 반드시 이수하게 했던 이유가 그것이다. 우리가 리흐테르의 연주에서 가장 높이 평가하는 칸타빌레적인 음색 또한 이런 과정을 통해 만들어졌다. 그는 베토벤의 소나타 Op.110번을 통해 그가 오랫동안 염원해오던 경직된 음색으로부터의 해방을 이끌어냈던 것이다.

프로코피예프와의 만남, 그리고 전쟁

1940년 네이가우스는 모스크바에서 소비에트 작곡가들의 작품으로 리사이틀을 열고 그 자리에 리흐테르를 출연시킨다. 당시 프로코피예프의 6번 소나타를 연주하면서 리흐테르와 이 위대한 작곡가와의 본격적인 인연이 시작되는데, 프로코피예 프는 단박에 자신의 피아노 협주곡 5번 연주를 제안한다. 이후 성황리에 끝난 5번 협주곡 무대 이후 그는 자신의 7번 소나타와 9번 소나타의 초연을 리흐테르에게 맡긴다. 즈다노프[38]의 비판으로 프로코피예프의 음악이 금지된 상황에서도 리흐테르는 리사이틀에 그의 음악을 계속 포함시켰는데 음악회는 연일 성공을 거두었다. 이후 발표된 프로코피예프의 첼로 협주곡(교향적협주곡)인 신포니아 콘체르탄테는 리흐테르의 지휘로 초연을 하게 된다. 비록 당시 평단의 반응은 냉혹했지만 프로코피예프는 다음과 같은 언급으로 리흐테르에 대한 자신의 무한한 신뢰감을 표현한다.

"이제 마음이 놓여. 내 작품을 지휘할 수 있는 지휘자가 존재한다는 것을 알게 되었으니 말이야."

한편 제2차 세계대전이 소련과 독일의 접전으로 확대되었던 1941년, 리흐테르에게 무서운 재앙이 닥치기 시작한다. 신분증에 독일인으로 명시되어 있던 그의 아버지가 소련의 비밀경찰에게 붙잡혀 모진 고문 끝에 피살된 것이다. 그 후 얼마 지나지 않아 오데사가 루마니아 군에게 점령되어 모스크바와도 연락이 두절되었다. 그의 어머니는 살길을 찾아 아버지의 의형제와 재혼을 했고 독일군이 후퇴할 때 독일로 망명했다. 오랫동안 그를 지탱해주었던 가정이 파괴되고, 이후 그는 스스로 살아가는 법을 배워야만 했다. 전쟁이 끝난 후 리흐테르는 소련 당국으로부터 그의 어머니가 오데사에서 사망했다는 통보를 받게 되지만, 이후 서독에 정착했던 어머니가 모스크바 방송에서 아들의 피아노 연주를 듣고 다시 그를 찾게 된다. 1960년 리흐테르가 연주회를 위해 미국을 처음으로 방문했을 때 우여곡절 끝에 이들 모자는 20년 만에 재회하게 된다. 상봉 3년 후 그의 어머니는 서독에서 사망하는데 당시 리흐테르는 서방세계에서의 본격적인 활동을 시작하고 있었다.

드리워진 철의 장막과 소련의 가장 위대한 피아니스트

페레스트로이카 이전 소련의 음악계는 '소련 밖에서는 호로비츠, 안에서는 리흐테르'라는 양분법적 시각으로 피아노계를 저울질하고 있었다. 그러한 방식은 그가 서방세계로 진출하고 난 이후에도 유효했는데, 그가 모스크바에서 활동하던 당시의 송출용 방송녹음이나 아주 제한된 레코딩이 일부 전해지면서 그의 존재가 서서히 드러나게 된 것이다. 소련 정부는 전후 1955년 그들이 최고로 평가하던 리흐테르 대신 처음으로 네이가우스 문하의 또 다른 전설 에밀 길레스[39)](리흐테르보다 한 살 어리다.)를 서방에 선보이고 대성공을 거두게 된다. 리흐테르가 절대로 음악적이나 기술적으로 떨어지는 피아니스트는 아니었지만, '철의 타건'이라 불리는 길레스의 직선적이고 호방한 매력이 사회주의 리얼리즘에 바탕을 둔 건강한 예술을 더욱 효과적으로 선전하는 방법이었을 것이다. 예측하건대 섬세하고 다소 신경질적이었던 리흐테르의 톤이 전해주는 의미가 길레스에 비해 보다 복잡하게 받아들여질 소지가 있었기 때문이 아닐까 추측해본다. 본격적인 활동을 전개해나갔던 1940년대만 하더라도 그는 기교적인 약점이나 납득할 수 없는 무기력한 연주를 들려줄 때가 있었다. 특히 그를 스피드와 초절기교(고도의 테크닉을 요하는 연주기술)를 갖춘 테크니션으로 인식하게 만드는 1950년대 후반부터 1960년대까지의 녹음과 음색에 있어서 신중함과 완벽을 기하는 1970년대의 음반을 비교해서 들어보면 그의 연주는 말년까지 완성으로 향하고 있었다고 해도 과언이 아니다.

건반 위의 구도자

1958년 차이콥스키 콩쿠르에 심사위원으로 참여했던 리흐테르가 미국 출신의 더벅머리 연주자 반 클라이번에게 10점을 주고 다른 참가자에게 0점을 주었던 사건은 지금까지도 길이 기억될만한 사건이다. 냉전으로 첨예하게 대립했던 두 나라의 문화적 헤게모니 다툼으로 인해 당시 미국인의 차이콥스키 콩쿠르 우승은 상상할 수 없는 일이었고 그의 입지를 위험하게 만드는 일이었다. 하지만 당시 리흐테르는 연주가 가장 뛰어난 사람을 우승시켜야 한다는 일종의 의무감마저 느꼈다고 할 정도로 자신의 양심에 충실한 인물이었다. 즈다노프의 비판으로 쇼스타코비치나 프로코피예프의 작품을 연주하는 것이 목숨을 담보로 할 만큼 위험한 일이었음에도 그는 이들의 작품을 지속적으로 리사이틀에 포함시켰다.

1950년대 있었던 프라하의 연주회에서는 연주회장에 붙은 사회주의 플래카드와 구호를 내리도록 했다. 엄청난 용기를 필요로 하는 행동이었다. 자신의 음악적인 신념을 정치적 계산이나 이득 때문에 버리지 않았던 것이다. 그는 대형 공연장보다는 이름 없는 마을의 교회나 작은 홀을 선호했다. 시간이 흐를수록 음악의 외적인 화려함보다는 내면의 평온함을 추구했던 그는 온전히 음악에만 집중할 수 있도록 연주회장의 조명을 어둡게 하고 오직 피아노만을 비추게 했는데, 이 또한 그의 이러한 성향을 잘 보여주는 것이다. 자신의 톤 하나하나를 수공해서 의미를 불어넣는 행위는 어떠한 의도나 장치가 없는 순수한 감동 그 자체이다. 우리가 그를 구도자라고 부를 수 있는 이유가 바로 여기에 있다.

추천음반

슈베르트 피아노 소나타 21번 D.960/Praga 254032

슈베르트의 마지막 피아노 소나타 D.960은 명연이 많은 편이지만 특히 '천상의 길이'가 적용된 리흐테르의 연주는 최고의 명연으로 손꼽힌다. 특유의 노래하는 서정에 여백과 느림의 미학을 보여주는 그의 슈베르트 연주는 리흐테르 예술관의 집약을 보여주는 느낌이다. 이제는 구하기 힘들어진 음반이지만 어떤 레이블에서 나온 D.960번 연주에서도 비슷한 감흥을 느낄수 있다.

바흐 평균율 전곡(4CD)/RCA GD 60949

그의 완성된 후기 양식을 대표하는 음반이다. 명징하고 투명한 터치는 굴드나 베데르니코프와 같은 기계적인 톤과 완전히상반되는 우아함과 따스함이 묻어난다. 적어도 이 음반에서 만큼은 미켈란젤리의 톤에 대한 결벽성이나 굴다의 신선한 리듬감마저 압도한다. 그만의 넓은 시각과 음악에 대한 몰입이 최상으로 발현된 리흐테르 최고의 명연이다.

완벽은 나의 힘, 아르투로 베네데티 미켈란젤리

"미켈란젤리는 말 그대로 완벽주의자다.
　누가 명인을 심판할 수 있으랴."

　　　　　　　　　　　　　　　- 스비아토슬라프 리흐테르

　브뤼노 몽생종[40]과 함께 진행했던 리흐테르의 음악수첩에
는 미켈란젤리의 연주에 대한 짤막한 인상이 총 네 번 등장한
다. 스스로에게도 매우 엄격했던 이 결벽스러운 피아니스트는
미켈란젤리의 연주에 대해 차가움, 영감의 결여, 극단적 엄격함
이라는 세 단어로 이 거장 피아니스트의 연주 스타일을 정의
했다. 하지만 그러한 인상의 말미에는 여지없이 '비판하고 싶지
않다.', '비판할 수 있겠는가.'라는 자조적인 회한이 곁들여졌다.

과연 어떤 피아니스트이기에 리흐테르의 비판에서 자신의 부족함에 대한 자조적인 회한을 이끌어낼 수 있었던 것일까?

탄생과 어린 시절

리스트를 떠오르게 하는 잘 빗어 넘긴 머리, 한 치의 흐트러짐도 없는 자세, 카레이서, 의사, 파일럿, 수도사…… 도저히 하나의 범주로 엮을 수 없을 만큼 많은 직업군을 소유했던 이 신비로운 피아니스트는 1920년 이탈리아 브레시아에서 변호사의 아들로 유복한 환경에서 성장하였다. 그의 아버지는 뛰어난 아마추어 음악가이자 음악교사이기도 했는데, 덕분에 미켈란젤리는 세 살 무렵에는 바이올린, 네 살에는 피아노를 배우기 시작했다. 이후 그의 음악수업은 고향의 벤투리 음악원에서 지속되어 파울로 치우이레리에게 바이올린과 오르간을 배웠다. 뛰어난 음악성을 보였던 미켈란젤리는 모든 악기에 천재성을 보였는데 어깨통증(혹은 폐렴이라고도 전해진다.)으로 인해 좋아하던 바이올린을 접고 본격적으로 피아노의 길에 들어서게 되었다. 이후 밀라노의 베르디 음악원에서 파울로 키에리, 지오반니 안포시에게 가르침을 받고 1934년 피아노 디플롬(학위)을 받아 피아니스트로서의 기반을 닦게 된다. 하지만 이러한 재능에도 불구하고 그의 집안은 그를 피아니스트로 키울 생각이 없었던 것으로 보인다. 10대 후반 아버지의 뜻에 의해 의과대학에 진학하고 5년의 기간을 거쳐 정식 의사면허를 취득하였기 때문이다. 이외에도 수많은 자동차 경주 대회에서 우승하는 등 카레이서로도 활동하기도 하고 바이올리니스트, 오르가니스트, 등산가, 파일럿 등 다방면에서 자신의 천재성을 발휘하게 된다. 이러한 다채로운 경험은 그의 음악에 신선하고도 특별한 매력으로 조합되어 미켈란젤리만의 고유한 색채를 만드는 데 기여하게 되었다.

리스트의 재래

미켈란젤리가 수면 위로 떠오르게 된 것은 1939년 스위스 제네바에서 열렸던 첫 번째 국제 콩쿠르를 통해서이다. 이미 제3제국의 불길이 전 유럽을 휩쓸어 제3회 이자이 콩쿠르 대신 이 대회에 참석하게 되었는데, 리스트의 피아노 협주곡 제1번을 연주하는 그를 목격한 당대의 대(大)피아니스트이자 심사위원 알프레도 코르토는 '새로운 리스트의 탄생'이라며 미켈란젤리의 발견에 흥분하였다. 당시 코르토의 언급은 미켈란젤리를 음악계의 일약 스타로 떠오르게 만들었고, 이탈리아로 돌아온 직후 EMI와 계약하여 그리그의 서정 모음곡 일부와 그라나도스의 스페인 무곡을 녹음했다. 콩쿠르 우승 전에도 이미 그는 19세라는 어린 나이에 볼로냐 음악원의 피아노과 교수직으로 활동하고 있었는데, 이러한 안정적인 생활은 제2차 세계대전의 참화가 이탈리아에 번지기 전까지 계속되었다.

전쟁 그 이후

미켈란젤리는 스스로 전장을 향해 걸어 들어갔다. 그것도 폭격기의 조종사로서 말이다. 그는 수차례 출격 이후 결국 격추되어 독일 수용소 생활까지 하게 되었는데 이후 탈출하여 이탈리아 반파시즘 운동에 뛰어들기도 하였다. 많은 음악가들이 나치의 협력 음악가로서 굴욕을 당했던 것과는 달리 자유를 향한 그의 강렬한 의지는 다음과 같은 언급에서도 읽을 수 있다.

"지금 나는 조종사이자 의사일 뿐이며, 피아노 연주는 이 모든 일이 끝나고 난 뒤의 문제다."

전쟁 이후 사람들은 이 리스트를 닮은 피아니스트를 기억해냈다. 1946년 베를린 공연을 필두로 본격적인 커리어를 시작해나간 미켈란젤리는 유럽, 미국, 남미와 아프리카, 일본에 이르는 전방위적인 활동을 거듭했다. 그리하여 세계적인 명성을 쌓아나가게 된다.

특히 기존의 피아니스트들이 작위적인 템포나 인위적인 생략, 부정확한 핑거링 등 대체로 주정적인 연주법들을 구사하고 있었던 반면 미켈란젤리의 연주는 시대에 걸맞은 새로운 현대성을 지니고 있었다. 치밀하게 계산된 셈여림, 완벽에 가까운 밸런스와 차가울 정도로 정확한 그의 터치는 객관성을 요구하는 새 시대의 요구이기도 했다.

따뜻한 인성을 지닌 최고의 교육자

미켈란젤리는 1938년부터 볼로냐 음악원 피아노과의 교수로 재직하면서 후학을 양성했다. 11살에 이미 대학원생을 지도했던 이야기는 전설처럼 전해져 내려오며 이반 모라베츠, 마르타 아르헤리치, 마우리치오 폴리니 같은 스타 피아니스트들을 길러내는 등 교육자로서도 뛰어난 기량을 발휘했다. 그는 브레시아와 볼차노, 아레초에 '아카데미아'라는 음악학교를 설립했으며 토리노, 루가노에서도 마스터 클래스를 개최하였다.

특히 그의 독특한 교수법은 개성이 넘쳤다. 육체적 조건의 개인 차, 성별의 차이에 따라 큰 차이점이 있다는 것에 기인하여 일률적인 방식을 고집하지 않았던 것이다. 특히 음색에 대해서는 그가 큰 영향을 받았던 오르간과 바이올린과 같은 다른 악기를 상상하면서 소리를 내도록 가르쳤다. 학생들에게는 매우 따뜻하게 대했으나 칭찬도 거의 하지 않았던 것으로 유명하다. 뛰어난 교육을 제공함과 동시에 그는 자신의 많은 제자들의 경제적인 후원자 역할도 도맡았다. 그의 마스터 클래스는 항상 무료로 진행되었고, 그는 되도록 많은 사람들이 이러한 혜택을 받는 것이 당연하다고 생각했다. 하지만 1977년 미켈란젤리는 심신의 피로를 이유로 들어 교육을 중지하겠다고 선언했다.

"이제 학생들을 가르치지 않겠다. 가르침은 내 인생의 한 부분일 정도로 매우 소중한 것이지만 나는 지금 너무 많이 지쳤다."

이 시대 최고의 완벽주의자

미켈란젤리의 기벽으로 가장 잘 알려진 사실 중 하나는 자신의 피아노 두 대와 전속 조율사를 늘 데리고 다녔다는 사실이다. 오늘날 우리가 그의 위대함을 일컬을 때 가장 높이 평가하는 음색에 대한 결벽, 예를 들어 오르간적인 지속음과 배음(원래 소리보다 큰 진동수를 가진 소리)을 이용한 미묘한 톤 컨트롤, 차가울 정도로 완벽한 음색과 밸런스는 실상 이러한 치밀한 노력 하에 이루어진 것들이다. 이 때문에 미켈란젤리는 건반이 가벼운 피아노를 선호했고 악기 운송에 있어서 자신의 요구 조건이 충족되지 않을 때는 악기 선택에 있어서 엄청난 까다로움을 요구했다.

한번은 미켈란젤리의 음반녹음 파트너이자 자신의 투자사이기도 한 이탈리아의 BDM사가 파산을 맞게 되었다. 이탈리아 당국은 그의 음악성의 원천이자 분신이나 마찬가지인 그의 피아노 두 대를 압류했는데, 당시 미켈란젤리의 격노는 이루 말할 수 없었다. 조국의 위기에 끓는 피를 지니고 참전했던 그이기에 그의 분노는 충분한 이해를 받을 수 있는 것이었다. 이 사건 이후 미켈란젤리는 이탈리아에 발을 들여놓지 않겠다고 다짐했고 모든 생활을 정리한 후 스위스로 이주하게 된다. 종종 연주를 하더라도 이탈리아 내의 다른 나라인 바티칸에서만 연주를 했다. 당시 교황이었던 요한 23세와 동향의 친구였고 1년간 머물렀던 수도원에서 그와 생활을 함께 했기 때문이다.

미켈란젤리는 피아노 메커니즘에 대해서도 매우 정통했는데 연주회용 그랜드 피아노 한 대를 모두 분해하고 다시 조립 할 수 있을 정도로 구조를 모두 꿰뚫고 있었다. 한 일화는 음색에 대한 그의 민감함에 대해 다음과 같이 전한다.

"미켈란젤리가 해머 하나가 이상하다고 불평을 늘어놓은 적이 있었는데 조율사들이 세심하게 조사해도 이상은 발견되지 않았다. 하지만 그의 불만은 계속되었고 계속되는 조사 끝에 해머 사이에 작은 바늘이 끼여 있는 것을 발견할 수 있었다."

또 그는 연주회의 잦은 취소로도 악명이 높았다. 한 예로 일본 공연을 앞두고 자신의 피아노 상태가 매우 좋지 않다는 것을 알게 되자 대번에 자신의 연주회를 취소했던 것이다. 이때 일본 기획사 측은 그에게 엄청난 위약금을 부과했고 여권까지 압수하였다. 미켈란젤리는 이 사건 이후로 일본에서 연주회는 물론 방문조차 하지 않았다. 그의 이러한 기벽은 완벽성으로부터 기인했다고 보는 게 좋을 것이다. 그는 자신의 기분에 따라 행동한 것이 아니라 연주회를 할 수 있는 모든 조건에 대해 완벽을 추구했던 것이다. 습도, 기온을 좌우하는 쾌적한 날씨, 최상의 상태를 보이는 피아노, 홀의 음향이 그가 생각하는 모든 조건과 일치해야 했다. 이러한 태도는 녹음에도 이어져 모든 조건이 완벽하게 충족되어야만 비로소 녹음을 시작했다. 녹음의 참관 인원은 꼭 필요한 인원에 한해서만 허락됐고 실제 녹음은 한두 회 정도로 쉽게 끝이 났다.

그는 대단한 연습광이기도 했다. 병약한 체질과 어깨 통증에도 불구하고 그는 늦은 새벽까지 열 시간 이상 피아노 연습을 진행했다. 담배와 와인을 누구보다 사랑했던 그였기에 이러한 생활습관이 심장에 영향을 주지 않았을까 하는 생각도 든다. 결국 1988년 보르도에서 가졌던 연주회 이후 심장발작을 일으킨 후 그의 연주회는 극도로 뜸해지기 시작했고, 1993년 함부르크에서의 연주를 마지막으로 그가 사망했던 1995년까지 공식석상에서는 그의 모습을 더 이상 볼 수 없었다. 스스로 고독을 자초했던 만큼 죽음 앞에서도 고독하길 바랐던 것일까? 그는 루가노에 있는 작은 공동묘지에 비석도 없이 간소하게 몸을 뉘였다. 예술을 향한 그의 정신은 다음과 같은 그의 언급에 잘 묻어나 있다.

"나는 다른 사람을 위해 연주하지 않습니다. 오직 나 자신과 작곡가를 위해서 합니다. 이런 사실은 청중이 있건 말건 상관없는 일입니다. 내가 연주할 곡을 생각할 때 내 마음 속에는 그 소리가 다가옵니다. 예술가는 어떤 것과 교감을 이루기에 앞서 그 자신과 먼저 대면해야 하며 자신이 누구인지 알아야 합니다. 그런 이후에야 감히 음악을 연주할 수 있지요."

추천음반

베토벤 피아노 소나타 32번 Op.111 외/Decca 417 772-2
베토벤의 신앙고백과도 같은 제32번 소나타를 미켈란젤리의 음색으로 들어 볼 수 있다는 사실은 우리에게 엄청난 행운이다. 특히 제2악장 아리에타의 페달액션과 약음구사 부분을 중점적으로 들어보면 어떻게 배음과 약음의 미묘한 톤 컨트롤이 이렇게 완벽할 수 있는가 하는 감탄사가 절로 나온다. 현재 절판되어 시중에서 찾기 어렵지만 반드시 재발매가 필요한 음반이라는 생각이 든다. 함께 커플링 된 스카를라티와 갈루피의 이슬처럼 영롱한 음색도 너무나 아름답다.

베토벤 피아노 협주곡 5번 Op.73 '황제'
지휘: 카를로 마리아 줄리니/빈 심포니 오케스트라
DG 419 249-2

미켈란젤리의 레퍼토리 반경은 그리 넓지 않다. 그중에서도 이 황제 녹음은 미켈란젤리의 레코드 중 가장 많은 수를 자랑한다. 1960년 바티칸에서 있었던 천둥번개 실황처럼 유명한 음반과 연주들이 많이 있지만 그중에서도 줄리니와 함께 한 이 음반은 구하기 쉽고 연주, 음질 면에서 가장 추천할 만하다. 온화하면서도 풍부한 오케스트라와 긴밀한 대화, 투명한 음색과 사색적인 리리시즘(예술적 표현의 서정성) 등 가장 독창적이면서도 깨끗한 아름다움을 지닌 황제로 손꼽힌다.

견고한 구조주의자, 알프레트 브렌델

"확실히 감응이 있어야 합니다. 특히 음악이 지닌 성격의 문제에서 그렇지요. 나는 어떤 곡을 분석해 본 다음 연주한 적이 단 한 번도 없습니다. 슈나벨도 그랬고요."

– 알프레트 브렌델

'알프레트 브렌델이 연주회에 작품을 올리기 전에는 반드시 철저한 분석을 거칠 것이다.'라는 생각은 우리가 그에 대해 지니고 있는 가장 대표적인 선입견일 것이다. 지난 2008년 12월 피아니스트이자 BBC의 프로듀서인 스티븐 플레이토스와 가졌던 은퇴 직전의 마지막 인터뷰(UK. Gramophon, 2009. 1.)에서 그는 위에서 언급한 '짜임새'에 대한 간결한 그의 생각을 전달했다. 구조에 대한 이해가 선행되어야 한다는 테오도르 아도르노[41]의 언급에 대한 노거장의 답변은 명쾌했으며, 그러한 선행 작업 자체는 큰 의미가 없음을 시사했다. 하지만 역설적이게도 그의 연주는 가장 구조적인 동시에 명쾌하다. 작품을 바라보는 그의 시각은 어디를 향해 있을까?

탄생과 어린 시절

두꺼운 검은 뿔테안경을 쓰고 정면을 주시하는 그의 학구적인 모습은 마치 학자나 교수를 연상하게 한다. 종교재판관과도 같이 권위 있는 그의 모습은 독일·오스트리아 레퍼토리를 주종목으로 하는 그의 연주 성향까지 대변하는 듯하다.

알프레트 브렌델은 1931년 체코 동부 모라비아 지방의 소도시인 비젠베르크(현재는 체코 지역으로 브렌델 출생 당시에는 독일 지역)에서 태어났다. 가계를 거슬러 올라가면 그의 조상에는 독일과 오스트리아, 이탈리아와 체코 같은 다양한 혈통이 혼재되어 있다. 3살 무렵 아드리아 해 연안의 크르크 섬(현재의 크로아티아)으로 거주지를 옮겼다. 아버지는 건축 엔지니어로 호텔에서 근무했으며 음악과는 전혀 무관한 가정이었다. 하지만 호텔의 손님들을 위해 레코드를 틀곤 했던 꼬마 브렌델은 얀 키에푸라[42] 같은 전설적인 테너의 음성에 심취하기도 했고 노래를 따라 부르기도 하면서 음악을 익혔다. 아버지가 직장을 자그레브로 옮기면서 브렌델은 6살에 유고의 대표적인 음악기관이었던 자그

레브 음악원에 입학, 정식으로 음악교육을 받게 된다. 이후 브렌델의 가족은 오스트리아의 그라츠로 옮겨 그라츠 음악원의 루도비카 폰 칸로부터 피아노를, 아르투르 미츨로부터 작곡을 배웠다. 이후 에두아르드 슈토이어만이나 매해 여름 루체른에서 열렸던 에트빈 피셔의 마스터 클래스에 3년간 참여하기도 했지만(브렌델은 자신의 피아니즘에 피셔의 영향이 절대적이었다고 회고한다.) 16세 이후의 브렌델은 특별한 스승 없이 거의 독학으로 피아노를 공부한 셈이었다.

첫 번째 리사이틀 그리고 콩쿠르

브렌델의 첫 번째 공식적인 리사이틀은 17세가 되던 1948년 빈에서 이루어졌다. 대담하게도 그는 자신의 공연에 '피아노 문헌에서 나타나는 푸가'라는 제목을 붙였는데 당시 바흐와 브람스, 리스트로 꾸며진 것들이었다. 또 그가 문학, 그림, 작곡 등 다방면에 걸쳐 노력을 쏟은 결과 리사이틀이 열린 해에 그라츠 갤러리에서 그의 수채화 작품들로 전시회까지 개최되었다. 하지만 이듬해 이탈리아의 볼차노에서 열린 국제 부조니 콩쿠르에 참가, 4위로 입상하면서 전문 피아니스트로서 자신의 정체성을 확고히 한다. 자신의 젊은 날에 대해 브렌델은 다음과 같이 회고했다.

"내가 젊었을 때의 연주는 큰 화제가 되지 못했습니다. 그저 한 발 한 발 전진해 나갈 뿐이었지요. 그러던 어느 날 내가 퀸

엘리자베스 홀에서 연주를 했는데, 그날의 연주는 특별한 것도 없었고 내 마음에 들지도 않았어요. 그런데 그다음 날 갑자기 세 개의 음반사에서 계약을 맺자고 연락이 왔습니다. 마치 갑자기 물이 끓어올라 온도계의 눈금이 확 치솟는 듯한 느낌이었어요."

초기 레코딩 시대

브렌델의 초기 커리어는 콩쿠르나 연주회보다는 녹음이라는 매체를 통해 더욱 알려지게 되었다. 또 그의 초기 커리어를 짚어나가다 보면 의외의 사실을 알게 되는데, 그의 첫 번째 레코딩이 프로코프에프의 피아노 협주곡 제5번이라는 것이다. 이후 복스(Vox) 레코드사를 통해 앞으로 자신의 커리어에 강력한 영향을 미치는 그의 첫 번째 베토벤 전집을 녹음하고, 동시에 자신의 강력한 초기 레퍼토리를 구성했던 리스트의 작품들도 잇달아 녹음하게 된다. 당시 이 음반들에 대한 평단의 반응은 뜨거웠는데 '지금까지 녹음된 어떤 전집보다도 뛰어난 연주'라는 평가를 받을 정도로 그의 베토벤은 센세이션을 불러일으켰다. 1950~1960년대 복스와 뱅가드(Vangard) 레이블에서 이루어진 일련의 대량 녹음을 들어보면 당시 연주관이 명확하게 자리 잡지 못했다는 느낌을 받는데, 예를 들어 뿌리내리지 못한 불완전한 음정이나 거친 아티큘레이션(연속되는 선율을 분명한 단위로 구분하는 것), 어딘지 모르게 들뜬 청년의 분위기는 오늘날 그가 보여준 강렬한 구축력과는 완연히 다른 모습을 보여준다. 하지만 전체적인 조망에서 뒤떨어질지는 몰라도 핑거링의 유연함과 감각적인 템포 운용 면에서는 초기 그의 모습이 좀 더 낫다고 볼 수도 있다. 원하는 녹음이었는지는 모르겠지만 그의 초기 녹음들을 탐색하다보면 이제는 절대 연주하지 않는 스트라빈스키나 쇼팽 같은 의외의 곡들도 연주하곤 했다. 하지만 그 이후 레퍼토리는 일부 몇 명의 작곡가로 완전히 수렴하게 된다.

베토벤으로 돌아오다

그의 성공은 꼼꼼하게 커리어를 거듭하던 어느 날 불현듯 찾아왔다. 복스에서의 성공적인 레코딩 이후 그는 런던으로 활동무대를 옮겨 1969년부터 본격적인 콘서트 피아니스트로서의 활동을 시작한다. 이때 필립스와 계약을 맺은 후 그의 두 번째 베토벤 전집이 탄생한다. 첫 번째 레코딩에 비해 이제는 온전한 자신만의 스타일을 보여주게 되었고 '엄격한 구조주의자'로서의 면모도 서서히 드러나게 된다.

이후 1982~1983년 시즌에는 유럽과 미국 11개 도시에서 32개의 피아노 소나타를 77번의 리사이틀로 진행하는 대프로젝트를 이끈다. 이 시리즈는 열렬한 지지를 받아 전 공연 매진이라는 경이적인 기록을 세우기도 한다. 특히 카네기홀에서의 베토벤 소나타 전곡 연주는 슈나벨 이래 브렌델이 처음으로 진행했던 경이로운 기록이기도 했다. 이때의 귀중한 경험은 이후 그의 세 번째 전집이 되는 1990~1996년의 베토벤 소나타 전집에 집약적으로 나타나는데 전곡에 걸쳐 드러나는 강인함과 음향의 선명함, 마치 악보를 이미지화해서 투사하는 것처럼 느껴지는 안정적인 구축력은 그의 연주 경력의 가장 빛나는 성과일 것이다. 이와 동시에 1983년 제임스 레바인[43] 지휘/시카고 심포니와 함께 진행했던 피아노 협주곡 전곡을 뒤로하고, 1999년 사이먼 래틀[44] 지휘/빈 필과의 새로운 레코딩을 시도하여 3종의 베토벤 피아노 소나타 전집과 2종의 피아노 협주곡 전집 완성이라는 위업도 달성했다. 사상 초유의 베토벤 스페셜리스트로서의 모습을 각인시킨 순간이었다.

그리고 슈베르트

브렌델은 점차 자신의 레퍼토리의 반경을 좁혀나갔는데 베토벤, 슈베르트, 리스트, 슈만, 하이든, 모차르트이 바로 그것이다. 그의 은퇴 공연 레퍼토리를 보면 그가 마지막까지 추구했던 작곡가가 누구였는지 잘 알 수 있다. 베토벤만큼 그가 심혈을 기울였던 슈베르트 역시 평생 그의 천착의 대상이 되었는데, 1970년대 필립스에서 진행했던 첫 번째 슈베르트의 전집 이후 바리톤 디트리히 피셔-디스카우[45] 와 함께 반주자로서 연가곡집을 진행하기도 하고, 클리브랜드 현악 4중주단과 송어를 녹음하는 등 다방면에서 의욕적인 활동을 보여주었다. 수수했지만 섬세한 매력을 발산했던 그의 첫 번째 전집 이후, 1980년대 후반부터 두 번째 슈베르트 전집을 진행했던 그는 마찬가지로 바이올리니스트 토마스 체트마이어, 비올리스트 타베아 침머만 같은 신예 연주자와 함께 송어를, 바리톤 마티아스 괴르네와 함께 백조의 노래를 함께 녹음하는 등 다시 한 번 슈베르트에 대한 열정을 보였다. 그의 두 번째 슈베르트 전집은 화음의 미묘한 떨림과 파동, 음에 대한 풍부한 농담, 구축적인 긴장감이 돋보이는 명연으로 지금까지 남겨진 슈베르트 전곡 녹음 중 가장 뛰어난 가치를 인정받고 있는 연주이기도 하다.

종합 예술인, 그리고 가장 견고한 구조주의자

1999년 시즌 카네기홀은 이 거장을 상주 예술가로 받아들이고 그를 위한 특별한 초대를 하게 되는데 독주자, 가곡의 반주자, 오케스트라의 협연자, 자신의 시를 읊는 낭송자 등 다양한 역할을 부과한 프로그램이었다. 주지하다시피 브렌델은 문필가, 화가, 작곡가 등 다양한 영역에서 자신의 역량을 드러내고 있었으며 4개의 저작 활동과 다양한 시를 쓰기도 했다. 이러한 활동으로 그는 1983년 옥스퍼드 대학에서 명예학위를 받았으며 1989년엔 명예기사 작위를, 1993년엔 로열 필하모니 협회에서 금메달 수여, 1998년엔 지금까지 그를 포함해 단 세 명의 피아니스트에 불과한 빈 필하모닉의 명예 단원이 되는 영예를 누렸다.

그의 연주 스타일은 빌헬름 박하우스, 에트빈 피셔, 빌헬름 켐프로부터 발현되는 독일·오스트리아 피아니스트의 계보와 전통을 충실히 이행하고 있다. 말년에 이를수록 더욱 심오해지는 견고한 구조에의 반향은 그가 은퇴 연주회 직전까지 연습하고 있었던 모차르트의 소나타 KV.533 같은 작품에서 두드러진다. 결코 화려함이나 색채 감각이 두드러지는 연주자는 아니었지만 그의 음악에는 거대한 베토벤적인 스케일이 드리워져 있으며 강인한 손가락의 힘과 견고한 골조가 그 기저에 든든하게 자리 잡고 있다. 이에 대해 독일의 평론가 요아힘 카이저는 그가 구사하는 베토벤의 포르테가 리스트적인 규모라고까지 평가했다.

브렌델은 결코 화려한 기교로 청중을 유린하지 않았고 오직 작품의 내적 구조로 깊이 수렴해 갔던 연주자였다. 아이러니하게도 이러한 종적 구조에 대한 탐색은 진실로 칸타빌레적인 순간을 만들어냈다. 수직적 구조의 탐색에서 오는 투명함과 순정한 음률은 음악의 내적인 아름다움을 이끌어 내 횡적인 노래로 탈바꿈한 것이었다. 그의 음악을 통해 우리는 번득이는 기교나 빠르게 훑어 내리는 속주 없이도 감동받을 수 있다는 사실을 깨닫게 된다.

그가 무대를 떠난 지 벌써 4년에 접어들었지만 이 견고한 구조주의자가 세상에 남겨놓은 방대한 음악의 유산은 매 순간 새로운 생명력을 수혈받을 것임이 틀림없다.

추천음반

알프레트 브렌델 고별 연주회/Decca 478211-6

브렌델이 마지막까지 천착했던 작곡가와 작품이 무엇인지 알게 해주는 음반이다. 차분한 바흐의 코랄 전주곡으로부터 시작했던 그날의 연주회가 머릿속에 그려지는 귀중한 기록이다. 그가 가장 사랑했던 모차르트의 피아노 협주곡 제9번은 얼마 전 타계한 찰스 메커라스(브란델이 가장 좋아했던 지휘자 중 한 명)와의 협연으로 수록되어 있으며, 베토벤의 피아노 소나타 제13번 그리고 심연의 깊이를 큰 폭의 캔버스에 담아낸 슈베르트의 마지막 소나타 D.960번까지 브렌델 60년 음악생활의 결산과도 같은 음반이다. 반드시 들어보기 바란다.

베토벤 피아노 소나타 전집(1990년대)/Decca 4781821

솔직히 전집을 꼽는 건 반칙이지만 도저히 딱 하나의 음반을 고를 수는 없었다. 브렌델의 전집은 베토벤의 소나타 전곡을 하나의 유기체로 바라보기 때문에 어쩔 수 없는 선택이기도 하다. 1970년대 전집 역시 훌륭한 연주이기는 하지만 큰 굴곡 없이 수수하고 무난한 편에 속한다. 하지만 1990년대로 넘어오면서 작품에 대한 농담의 표현이 더욱 진해지고 구조에 대한 심화가 더욱 두드러져 이전 전집과는 또 다른 차원의 세계를 열어주고 있다.

바흐는 나의 운명, 글렌 굴드

"솔직히 말해서 나는 편집을 아주 소극적인 방식으로 이용하고 있습니다. 기대한 만큼의 결과를 얻을 수만 있다면, 200군데를 연결해서 하나의 곡을 만들어낸다 하더라도 그것이 부적합하다고 생각하지 않습니다."

— 글렌 굴드

토론토 출신의 글렌 굴드에게 피아니스트의 계보는 무의미하다. 그는 전통이라고는 존재하지 않는 음악적 변방에서 독보적인 예술을 꽃피운 경이로운 예술가였기 때문이다. 그는 음악가로서 음악 외적인 이미지의 지배를 가장 많이 받았던 인물이었다. 본인이 자초한 바가 가장 컸겠지만 특정한 이미지와 개성으로 단일화시킨 자신의 겉모습에 대한 분출구는 수정처럼 깨끗하면서도 재빠르게 건반을 훑어내는 그의 타건에 미루어 짐작하는 수밖에 없다. 고독한 천재로 불렸던 이 남자는 우리의 기억 속에 이미지와 톤으로 고정되어 있는 것이다.

탄생과 어린 시절

글렌 굴드는 1932년 9월 캐나다의 토론토에서 태어났다. 그의 가계에 음악가는 거의 없었지만 그의 외가 쪽 조상 중에는 작곡가 에드바르 그리그의 피가 일부 섞여 있었다고 한다.(굴드는 이 사실을 회고하며 자신이 그리그의 피아노 협주곡을 싫어한다고 말했다.) 그의 아버지는 아마추어로서 바이올린을 연주하긴 했지만 전문적으로 음악을 하는 사람이 아니었고, 어머니도 오르간과 피아노를 즐겨 연주했을 뿐 전문적인 피아니스트는 아니었다. 굴드는 10살이 될 때까지 어머니에게 피아노를 배운 것으로 전해진다. 그는 3살이 되던 해에 악보를 읽을 수 있었고 5살에는 이미 작은 규모의 작품을 작곡할 수 있을 정도로 음악에 천부적인 재능을 보였다. 그리고 6살에 운명을 뒤바꿔놓은 콘서트를 보게 되는데, 바로 외젠 달베르의 제자 요제프 호프만의 연주회였다. 리스트의 계보를 잇는 명피아니스트의 공연이었던 것이다. 굴드는 당시 경험에 대해 회고하는데 자신이 호프만이 되어 연주하고 있는 듯한 환영을 보았다는 것이다.

이후 10살 무렵에는 전문적인 피아니스트의 길을 걷기 위해 토론토 로열 콘서바토리에 입학하여 그의 피아니즘에 절대적인 영향을 미치게 된 스승 알베르토 게레로와 운명적인 만남을 갖게 된다. 예를 들어 다리를 잘라 높이를 낮춘 의자를 쓰는 방법은 피아노에 완전히 근접한 상태에서 팔의 힘으로 낙차를 이용해 내려치기 보다는 손가락의 힘만으로 연주하기에 매우 적합한 자세였다. 그가 대표적으로 구현한 차갑고 명료한 톤의 구현은 모두 스승인 게레로의 교수법을 통해서였던 것이다. 그의 방식이 온전히 개성적이며 창조적이었다고 보기 보다는 스승의 방식을 지지하여 발전시켰다고 보는 시각이 좀 더 옳을 것이다. 또한 그에게 큰 영향을 준 피아니스트는 아르투르 슈나벨이었는데 굴드는 그의 베토벤 연주를 조금만 듣기만 해도 알아차릴 수 있을 정도로 완벽히 외우고 있었다. 물론 그답게 비판적인 자세를 견지하고 말이다.

천재, 세상에 나오다

1945년 13살의 나이에 콘서바토리의 종합 독주자 시험을 마친 그는 이듬해 음악이론 시험에 합격하고 최고의 성적으로 졸업장을 수여받았다. 학교는 졸업했지만 게레로의 수업은 1952년까지 계속되었다. 1946년에는 음악원 오케스트라와 함께 본격적인 피아니스트가 되어 베토벤의 4번 협주곡으로 데뷔했고, 1947년에는 토론토 교향악단과 연주, 스카를라티와 쇼팽, 베토벤, 리스트의 작품으로 꾸며진 첫 번째 리사이틀을 열었다. 이후 그는 워싱턴 D.C와 뉴욕에서 바흐의 골드베르크 변주곡으로 리사이틀을 개최한다. 하지만 캐나다에서의 성공과는 달리 미국 공연은 거의 알려지지 못했다. 음악 변방에서 온 젊은 피아니스트의 공연이 성공할 리 없었기 때문이다. 입장권은 거의 팔리지 않았으며 음악계 관련 인사들도 거의 참석하지 않았던 것이다. 다만 정식 연주회 전날 가졌던 연주회에서 글렌 굴드와 함께 실내악을 연주했던 바이올리니스트 미셸 슈나이더만이 이 경이로운 피아니스트에 대한 깊은 인상을 받았다. 이튿날 CBS음반사의 녹음 책임자였던 데이비드 오펜하임이 녹음에 참가할 새로운 피아니스트를 찾고 있다는 소식을 듣고 슈나이더는 다음과 같은 말로 굴드를 소개했다.

"안타깝게도 살짝 미치기는 했지만 피아노에서는 사람들의 넋을 빼앗을 만큼 놀라운 연주를 해내는 인물이다."

그 덕분에 오펜하임은 굴드의 데뷔 연주회에 참석할 수가 있었고 이 천재 피아니스트와 맞대면 할 수 있었다. 그리고 우리는 굴드를 만날 수 있게 되었다.

운명적인 CBS와의 만남

다음날 굴드는 CBS레코드와 계약을 맺었다. 그리고 1주일에 걸쳐 골드베르크 변주곡 한 곡을 녹음했다. 당시 굴드가 스튜디오에 나타났을 때의 일화는 유명하다. 더운 6월에 코트를 입고 머플러를 둘렀으며 베레모에 장갑까지 끼고 있었다. 또 뉴욕의 물은 믿을 게 못된다며 캐나다에서 직접 공수한 마실 물 2 병과 약병 5개를 지참했으며, 의자다리를 절단하고 특별한 장치가 달려 연주하는 동안 마음대로 각도를 기울일 수 있도록 고안된 이상한 의자까지 가지고 왔던 것이다. 이 같은 기행에 더불어 연주할 때의 굴드는 더욱 가관이었다. 일단 연주 전 굴드는 두 손을 20분 동안 더운 물에 담그고 자신이 가져온 큰 타올로 손을 닦아 냈다. 녹음이 진행되는 동안 굴드는 음악에 완전히 몰입하여 입을 벌리고 음악을 따라 불렀으며 몸을 앞뒤로 구부렸다 폈다를 반복했다. 그의 이러한 기묘한 모습은 연속 스틸사진으로 기록되어 이 음반의 표지로 쓰였다. CBS의 녹음 기술자들은 굴드의 허밍을 녹음하지 않기 위한 마이크 세팅에 각고의 노력을 기울였는데 어찌되었든 음반은 레코드 역사상, 아니 음악 역사상 가장 유명한 음반 중 하나가 되었고 발매 당시에도 엄청난 판매량을 기록했다. 골드베르크가 굴드베르크로 변하게 된 순간이었다.

콘서트피아니스트로 세계를 주름잡다

그는 순식간에 유명인사가 되었다. 1956~1957년 시즌에는 미국 순회연주를 가졌고 1957년에는 레닌그라드와 모스크바에서 독주회를 개최했다. 당시 스탈린의 사망 이후 서방과의 교역을 추진하던 소련 정부의 정책 덕분이었다. 하지만 아직까지 첨예하게 대립하던 미국의 피아니스트를 초대할 수는 없었고,

다만 상징적으로 글렌 굴드가 냉전의 침묵을 깨는 최초의 북미인으로서 초청을 받았던 것이다. 소련에서의 연주는 글렌 굴드 개인에게 유럽의 순회연주를 알리는 첫 신호탄이자 세계무대에 자신을 알리는 절호의 기회였다. 이 서방세계에서 나타난 천재는 바흐와 베르크, 베토벤으로 꾸며진 첫 연주회에서 열광적인 환영을 받았으며 소련 젊은이들은 그의 음반을 구하기 위해 혈안이 되어있었다. 젊은 피아니스트들은 그의 연주를 모방했으며 소련에서의 일정은 이와 같은 열정적지지 속에 연주와 강연으로 계속 이어졌다. 이후 베를린으로 건너간 굴드는 베토벤 피아노 협주곡 3번을 헤르베르트 폰 카라얀이 지휘하는 베를린 필하모닉과 협연하였다. 그의 표현을 따르자면 카라얀이 내뿜는 '자석처럼 끌어당기는 힘'은 굴드를 대번에 사로잡았다. 두 사람은 이후 서로의 예술에 대해 열렬한 지지자가 되었고, 이 공연은 글렌 굴드의 명성을 한층 더 높이는 계기가 되었다.

은둔 그리고 녹음의 시작

위에서 언급한 굴드의 일화는 그가 레코딩에 대해 가졌던 적극적인 자세를 보여주는 것이다. 굴드가 뉴욕 레코딩에서 사용했던 그의 피아노는 CD318이라고 불리는 2차 대전 이전의 스타인웨이 모델이었는데, 그 피아노는 이미 낡을 대로 낡아 부서지기 직전이었다. 하지만 굴드는 그 피아노를 좋아하여 몇 번씩 수리하고 개조하여 사용했다. 굴드의 콘서트에 대한 비평을 찾아보면 대체로 '작은 음량'에 대한 지적이 지속적으로 등장한다. 굴드는 게레로의 교수법대로 손가락 끝마디의 힘만을 이용하여 연주를 했으며 매우 미묘한 음향을 지니고 있었다. 그가 오래된 피아노, 즉 터치가 가벼운 피아노를 선호했던 이유도 여기에 있는데 깃털처럼 가볍고 민감한 건반을 지녀야만 자신의 약음을 표현할 수 있기 때문이었다.

그는 1964년 32살에 콘서트 피아니스트로서의 생활을 마감하고 캐나다에 은거하면서 녹음 위주의 활동을 시작한다. 그는 녹음 활동이 연주자가 최상의 컨디션으로 연주할 수 있도록 도와주며, 연주회에서 비롯되는 불확실한 여러 가지 상황을 피할 수 있다고 생각했다. 또 청중과의 교감을 통해 양산되는 흥분 상태는 진짜 연주가 아니라고 생각했던 것이다. 이러한 생각들은 1982년 사망하기 직전까지 그를 스튜디오로 숨어들게 만든 이유가 되었다.

바흐는 내 운명

바흐, 베토벤, 모차르트를 넘어 스크랴빈, 베르크, 월튼, 크레넥에 이르기까지 이처럼 다양한 작곡가의 스펙트럼을 분석할 수 있는 탁월한 혜안을 지녔다는 점은 이 위대한 피아니스트의 또 다른 일면이다. 편곡을 즐겨하고(그것이 과도해지면 작품을 조각내는 일까지 서슴지 않았다.) 푸가 구조를 설파하기 위한 5성 마드리갈을 작곡하는 굴드의 모습은 분명 자신이 지닌 비르투오조적인 면모를 넘어, 음악가적 재능이 연주자로서의 영역과 독립되어 움직이고 있는 위대한 예술가라는 것을 증명하고 있다.

하지만 결국 우리에게 남아있는 것은 바흐의 유산들이다. 그의 지극히 미려한 터치가 낭만시대 유산을 표현하기에는 분명한 약점을 지니고 있었지만 바흐의 파르티타, 프랑스, 영국 모음곡, 인벤션 같은 건반작품을 연주하는 그의 음반을 듣고 있노라면 의표를 찌르는 통찰력과 약동하는 리듬감, 기분 좋은 추진력을 느낄 수 있다. 그가 그려내는 바흐는 투명하고 순수하여 결코 어두운 정념을 드러내지 않았으며 장황한 수사학으로 다른 이들을 설득하려 하지 않았다. 그저 명쾌하고 직선적인 자신만의 음악관을 주장한 웅변가였다.

현재의 그를 만든 1955년의 골드베르크 변주곡은 오늘날까지 그 혁명적인 방식으로 인해 가치를 잃지 않고 있으며, 그가 죽기 직전에 남긴 두 번째 골드베르크 변주곡은 음악 앞에 서 있는 고독한 연주자의 표상을 보여준다. 아리아 다카포(연주에서 '처음부터'라는 뜻)와도 같은 그의 음악적인 일생은 50세라는 나이에 뇌졸중으로 마무리된다. 자신이 나이 50에는 죽게 될 것이라고 곧잘 말해왔는데, 결국 그 예언이 현실로 이어지게 된 것이다.

바흐 골드베르크 변주곡(1955)/Sony 52594

　자신이 작곡하거나 편곡한 대표적인 음반이 없다고 하더라도 이 혁명적인 굴드의 첫 번째 골드베르크 변주곡 음반은 작곡 이상의 의미를 지닌다. 비록 반복구는 의미 없이 잘려나가고 과도하게 빠르게 연주했다는 비판이 있지만, 트랙이 시작되는 순간 여백이 밀도와 속도의 예술로 변해가는 과정을 지켜볼 수 있을 것이다.

바흐 골드베르크 변주곡(1981)/Sony 52619

　잘못 인쇄된 것이 아닐까 생각 할 수 있겠지만 분명 위와 같은 골드베르크 변주곡이다. 천재 피아니스트가 남긴 무수한 예술을 어떻게 단 하나의 레퍼토리로 투영할 수 있겠느냐고 자문해보지만 결론은 다시 골드베르크 변주곡이다. 그가 만년에 남긴 이 레코딩은 이전과는 확연히 달라진 연주관을 보여준다. 위의 음반이 질주하는 듯한 빠른 속도로 행간을 달려갔다면 이 음반에서는 보다 관조적이고 여유로워진 관점으로 작품을 사유한다. 아리아 다카포와도 같은 그의 일생의 투영일까?

건반의 여제, 마르타 아르헤리치

"아르헤리치는 자신에게 적합한 것이 무엇인지 잘 알고 있습니다. 자신이 받아들여야 할 것이 무엇이며 거부해야 할 것은 무엇인지 꿰뚫어 볼 수 있는 힘을 가졌다고나 할까요?"

– 스티븐 코바세비치[46]

우리가 그녀를 생각하면서 떠올리는 이미지는 인터뷰를 거부하고 연주회 일정을 자주 취소하는 까다로운 예술가의 초상이다. 그녀는 이미 오래 전에 독주 리사이틀 무대를 중단했다. 글렌 굴드가 32살의 나이에 청중과의 교감을 박차고 스튜디오로 걸어 들어갔던 것처럼 그녀는 더 이상 독주무대를 통해 자신의 음악관을 보여줄 수 없다고 생각했던 것 같다. 청중들의 찬사에 자신을 맡기는 일이 있어서는 안 되겠다고 다짐한 후, 그녀는 혼자 달려야만 하는 레이스를 과감하게 거부했다. 대신 그녀는 음악 친구들과 연주를 즐기는 방법을 선택했다. 그녀의 말대로 솔로 연주는 너무 외롭기 때문일까?

탄생과 어린 시절

마르타 아르헤리치는 1941년 아르헨티나의 부에노스아이레스에서 외교관의 딸로 태어났다. 그녀는 이태리의 명망 있는 피아노 교사인 빈센초 스카차무라를 사사했는데 당시 브루노 레오나르도 겔버나 실비야 케르센바움 같은 유명한 피아니스트들도 그의 제자로 함께 공부했다. 스카차무라의 혹독한 지도 아래 1948년 8살의 나이로 콘서트 피아니스트로 데뷔한 그녀는 모차르트와 베토벤의 피아노협주곡을 연주할 수 있을 정도로 뛰어난 기량을 발휘했다. 이미 기술적으로는 더 이상 배울 게 없을 정도였지만, 피아니스트로서 한층 성장하기 위해 아버지를 따라 유럽으로 건너가 빈, 브뤼셀, 제네바에서 프리드리히 굴다[47], 아르투로 베네데티 미켈란젤리, 니키타 마갈로프[48] 같은 거장들을 차례로 사사했다.

특히 그녀에게 가장 큰 영향을 끼친 피아니스트인 굴다는 그다운 독특한 교수법으로 그녀를 지도했는데, 아르헤리치의 연주를 일일이 테이프에 녹음하여 그녀에게 들려주고 스스로 해답을 찾도록 하는 방식을 사용했다. 이러한 교수법은 이후 그녀가 자신의 연주를 객관적인 시각으로 바라보고 스스로의 연주를 반추하는 데 큰 도움을 주었다. 또 불과 5일 동안 슈만의 '아베크 변주곡'이나 라벨의 '밤의 가스파르'를 독파하도록 독려하는 등 그의 교육은 엄청난 강행군이었다. 하지만 아르헤리치는 타고난 천재성과 음악성으로 그러한 과업을 훌륭히 수행했다.

이후 그녀는 1956년부터 본격적인 음악활동을 시작하여 이듬해에는 3주 동안 볼차노에서 열린 국제 부조니 콩쿠르, 제네바 콩쿠르에서 모두 1위로 우승하게 된다.(당시 제네바 콩쿠르의 2위는 마우리치오 폴리니) 이러한 경력들은 그녀의 명성을 크게 높여주었는데 1960년 도이치 그라모폰과 계약을 맺어 그녀의 음악 인생은 탄탄대로를 걷기 시작한다. 하지만 이러한 경력들보다 그녀를 더욱 빛나게 해주었던 사건은 1965년 24살의 나이로 거두었던 쇼팽 콩쿠르의 1위 우승이었다. 당시 그녀는 심사위원의 만장일치 이외에도 마주르카 상을 수상하는 등 거의 주요한 상을 휩쓸다시피 했는데 이미 두 개의 콩쿠르에서 우승하고 프로페셔널 연주자로서 활동하던 그녀였기에 가능한 일이었다. 이 사건 이후 그녀는 명실공히 최고의 피아니스트로 군림하게 된다. 특히 당시 심사위원이었던 위젠 리스트의 '화산처럼 강렬한 열정의 분출'이라는 언급은 아르헤리치의 피아니즘을 대변하는 가장 적절한 표현이 되었다.

아르헤리치, 비상하고 다시 착륙하다

1960년에 이미 도이치 그라모폰에서 음반을 취입했던 아르
헤리치는 쇼팽, 라벨, 리스트, 브람스, 프로코피예프의 작품으
로 그녀의 첫 번째 레코딩을 시작했다. 당시 그녀의 음반은 평
단의 열렬한 지지를 받았는데 특히 그녀가 연주한 프로코피예
프의 토카타와 리스트의 헝가리 광시곡 6번을 들은 호로비츠
가 두 눈을 깜빡이며 경탄했다는 일화는 유명하다.

그녀는 미국과 이스라엘, 동유럽, 소련 등으로 연주의 범위
를 확장시켜 나갔다. 이미 그녀는 16세의 나이에 연간 150회
의 콘서트를 소화할 정도로 엄청난 유명세를 치르고 있었는데
스스로의 연주에 대해 자각하고 있었던 폭발적인 감수성, 불
같은 기질의 한계를 인정하고 절제미와 서정성의 탐구를 위해
70~80회로, 다시 20~30회 정도로 연간 공연 회수를 줄여나
갔다.

이때부터 그녀의 까다로운 면모가 부각되기 시작하는데 그
녀는 음악적으로 맞지 않다고 생각되는 공연에 있어서는 철저
한 배제에 나섰다. 특히 번스타인과의 공연을 취소한 일화는
유명한데 카라얀과 함께 대표적인 마에스트로였던 그와의 공
연을 단 한 번이 아니라 세 차례에 걸쳐 취소한 유일무이한 기
록을 남긴 것이다. 다른 피아니스트들이 서서히 자신의 커리어
를 쌓아나갈 때 그녀는 반대로 자신이 일찍부터 쌓아놓은 명
성을 파괴하고 싶어했다.

"저는 피아노를 지독하게 사랑하면서도 피아니스트는 되고
싶지 않았어요."

아마도 그녀는 지독하게도 고독한 음악가의 길로부터 멀리
달아나고 싶었는지 모르겠다. 영국의 대피아니스트 마이러 헤
스[49]가 피아니스트가 자신의 약혼자라고 말했던 사실은 그녀
에게 가장 큰 두려움이었다.

정열적인 삶

그녀의 연주 스타일처럼 그녀의 삶 역시 열기로 가득했다.
그녀는 중국계 지휘자인 로버트 첸과 결혼한 후 딸을 낳자마
자 바로 이혼했다. 이후 샤를 뒤투와[50], 스티븐 코바세비치와
재혼하는 등 파란만장한 삶을 살았다. 그 와중에 그녀는 세 딸
과 함께 브뤼셀에 있는 자신의 집에서 음악가들과 함께 유쾌
한 시간을 보냈는데, 특히 그녀의 가장 중요한 음악적 가족인
티엠포 일가와 끈끈한 인연을 맺고 살았다. 그녀의 불같은 기
질은 매우 유명했는데 특히 1980년 쇼팽 콩쿠르에서 크로아티
아 출신의 피아니스트 이보 포고렐레치가 본선에서 떨어지자
심사위원석을 박차고 일어났던 일화가 있다. 또 우리나라에는
2000년에 열린 부조니 콩쿠르에서 임동혁이 불공정한 심사로
결선에 진출하지 못하자 아르헤리치가 그의 후원자로 나서며
EMI와의 음반 계약을 주선했던 일화로 유명하다.

이렇듯 그녀는 젊은 음악인들을 사랑했고 후진 양성을 위해

지속적으로 노력하고 있다. 아르헤리치는 오랜 세월의 흡연으로 암에 걸려 2년 간 투병생활을 하기도 했고 1990년엔 두 번에 걸친 치명적인 피부암 수술을 하기도 했는데, 이를 모두 극복하고 당시 쇼팽, 라벨, 프로코피예프 협주곡의 새로운 녹음을 공개하는 등 원숙기에 접어든 그녀의 음악관을 표출하였다.

그리고 친구들

그녀의 솔로 음반이나 독주회는 지금까지 엄청난 반향을 일으켰지만 그녀가 지금까지 가장 공을 들이고 있는 분야는 단연 실내악을 꼽을 수 있다. 그녀는 실내악 연주에 대해 각별한 애정을 갖고 있는데 넬슨 프레이레, 스티븐 코바세비치, 기돈 크레머, 미샤 마이스키가 대표적인 파트너들이다. 프레이레는 스스로 뛰어난 피아니스트이면서 다음과 같은 말로 아르헤리치와 함께 연주하는 기쁨을 표현했다.

"나는 지난 몇 년간 그녀와 함께 작업하면서 꾸준하게 성숙하고 있음을 느낍니다. 그녀는 뭔가 새로운 시도와 발전적인 단계로의 상승을 촉진시키죠."

그녀의 트리오 파트너인 마이스키, 크레머는 2세대 백만 불 트리오 불린다. 그들의 결합은 최고의 인기를 지닌 대가들의 에너지로 환상적인 결과를 들려주었다. 한편 최근에는 니콜라스 앤절리치, 카퓌송 형제, 세르게이 나카리아코프, 세르지오 티엠포, 가브리엘라 몬테로 같은 신진 연주자들과 루가노 페스티벌,

일본 뱃부에서 뛰어난 파트너십을 보여주기도 한다.

여제 아르헤리치 그리고 마리아 테레사 카레뇨의 재래

1967년 로열 페스티벌 홀의 리스트 연습곡 연주를 추억하는 이들은 그녀의 빛나는 음악성을 기억하고 있다. 누군가 그녀의 일관되게 정열적인 연주를 두고 "마치 불붙지 않은 연기 같다."며 혹평할 수도 있고, 그녀의 강렬한 모차르트가 부담스럽다고 불평할 수도 있겠지만 아르헤리치는 이미 피아노의 여제였다. 그녀는 강인한 손가락과 유연한 손목으로 작품의 곳곳을 파고들었고 웬만한 남자 연주자가 보여줄 수 없는 다이내믹 레인지를 선사하곤 했다.

특히 그녀가 협연자로서 보여주었던 모습, 뜨거운 정념을 가슴에 품고 오케스트라 속에서 융해되는 모습은 그녀의 독주에서 느꼈던 터질 듯한 파괴력이 조금은 완화된 모습이었다. 그녀의 일관된 공격성이 충분히 조화를 이루었기 때문일까? 하지만 그가 아바도와 함께 했던 리스트의 1번이나 라벨의 협주곡 종악장에서 보여주는 폭발력은 여지없는 그녀의 야생마 같은 기질을 느끼게 해 준다.

수없이 많은 여류 피아니스트들이 우리 곁에 왔지만 필자는 아르헤리치의 존재를 안톤 루빈스타인의 제자였던 마리아 테레사 카레뇨[51]의 재래라고 일컫고 싶다. 같은 남미에 적을 둔 여류 피아니스트이면서 활화산과도 같은 정열적인 모습으로 피아노계의 발퀴레라는 찬사를 들었던 전설 카레뇨. 고혹적인 흑발이 이제는 백발이 되었지만 아르헤리치의 존재는 여전히 우리에게 전설로 남아있다. 비록 오래 전에 실내악으로 그 방향을 선회하고 음악을 즐기고 있는 그녀지만 아직 우리는 그녀의 독주에 목마르다. 자신의 연주에 대한 아르헤리치의 말로 그녀에 대한 글을 마치려 한다.

"나는 자연스럽게 피아노를 연주해요. 만약 음악이 부자연스럽다면 내게 음악은 더 이상 말을 걸어오지 않지요. 때론 피아노가 나 자신을 압도해 나갈 때도 있어요. 물론 이런 현상이 좋을 때도 있고 싫을 때도 있습니다."

추천음반

라벨 피아노 협주곡 외/DG 447438-2

3악장에서 보게 되는 불꽃놀이로 인해 2악장에서 그려내는 완만한 경치가 더욱 아름답게 느껴진다. 특히 카덴차 악장에서 자유롭게 펼치는 그녀의 명인기가 인상적이다. 한편 함께 수록된 밤의 가스파르와 프로코피예프의 피아노 협주곡 3번 역시 동종 레코딩 중 첫 손에 꼽히는 연주이다 그녀의 다양한 음악적 매력을 느껴볼 수 있는 음반으로 강력하게 추천한다.

쇼팽 전주곡/DG 463663-2

그녀의 기량이 절정에 올라있을 때의 연주이다. 격정적인 기

질이 잘 녹아들어가 있는 연주로 거대한 스케일과 빠른 속도에
도 절대 무너지지 않는 밸런스, 완벽에 가까운 톤 컨트롤과 기
교에 감탄할 수밖에 없는 연주이다. 특히 1983년 슈만의 크라
이슬레리아나 이후 독주 작품에 관한 공연과 음반 녹음을 거
의 하지 않은 그녀이기에 이러한 흔적들이 더욱 소중하게 느껴
진다.

진정한 코즈모폴리턴, 마우리치오 폴리니

"음악에 대한 길은 스스로 찾지 않으면 안 됩니다. 가장 중요한 것은 연습할 때 생각했던 여러 가지를 연주회 전에 모두 잊는 것입니다. 음악 만드는 데 있어서 자유로워지기 위해서이죠."

- 마우리치오 폴리니

책을 쓰는 동안 폴리니가 사망했다는 어이없는 오보를 접했던 적이 있었다. 가슴 한 켠이 무너져 내리는 듯 했다. 그가 남겨놓은 베토벤은? 쇼팽의 협주곡은? 모차르트는? 다행히 사실 관계를 확인하고서야 마음을 놓을 수 있었다. 연 40회 내외의 공연만을 허용하는데다 점점 나이가 들어감에 따라 그의 내한

가능성도 계속 희박해지고 있지만 필자는 폴리니를 한 번쯤 실제로 볼 수 있을 것이라는 부질없는 희망을 가지고 살았는지도 모르겠다. 마르타 아르헤리치와 한 살 차이이며 각자가 지닌 음악관에서 현격한 차이를 보인 그들이지만(아르헤리치는 공공연히 독주 연주를 하지 않겠다고 선언했기에 그만큼 폴리니의 입지는 독보적이다.) 분명한 사실은 이 두 사람이 현역으로 활동하는 최고의 피아니스트라는 사실이다. 그중에서도 가장 냉철한 기교와 비교할 수 없을 만큼 광범위한 스펙트럼을 지닌 폴리니는 살아있는 전설, 그리고 진정한 코즈모폴리턴임에 틀림없다.

생애와 어린 시절

마우리치오 폴리니는 1942년 밀라노에서 건축가이자 아마추어 음악가인 아버지, 그리고 피아노와 성악을 공부한 어머니 사이에서 성장했다. 어릴 적부터 재능을 보였던 폴리니는 6살 무렵부터 카를로 로나타로부터 피아노를 배우기 시작하여 10살에는 첫 연주회를 가질 정도로 뛰어난 자질을 보였다. 이후 밀라노의 명교사로 이름난 카를로 비두소를 사사하고 불과 15살이던 1957년에는 제네바 콩쿠르에서 2위에 입상하였다. 당시 1위는 한 살 차이의 아르헤리치였는데 이때부터 이들의 미묘한 경쟁구도가 형성된다.

이후 브루노 베티넬리 밑에서 작곡을 공부한 폴리니는 1959년 세레뇨에서 열린 포촐리 콩쿠르에서 우승하고, 1960년 쇼팽 콩쿠르에서 심사위원 만장일치로 1위에 입상하여 전 세계에 이름을 알리게 된다. 당시 심사위원으로 배석했던 루빈스타인은 "우리 심사위원 중에서 그만큼 연주를 잘 할 수 있는 사람이 있을까?"라며 폴리니의 연주를 극찬한 것으로 전해진다. 아르헤리치가 부조니와 제네바 두 개의 콩쿠르를 통해 DG와의 계약을 맺었다면 폴리니는 쇼팽 콩쿠르 입상과 더불어 EMI와 녹음 계약을 맺었다. 그러한 결실은 파울 클레츠키[52]지휘/ 필하모니아 오케스트라와 함께한 쇼팽의 피아노 협주곡 1번 그리고 녹음 후 발매되지 않았던 두 개의 에튀드에서 나타나게 된다. 이러한 떠들썩한 데뷔에도 흔들리지 않고 폴리니는 돌연 잠적하고 마는데, 아마도 자신에게 급속하게 쏟아진 관심이 부담스러웠을 것이고, 다른 하나는 피아니스트로서 가진 잠재 역량이 쇼팽의 범주로 한정되는 것을 원치 않았던 것으로 보인다.

이후 그는 아르투로 베네데티 미켈란젤리의 문하에서 배우기도 하고 물리학이나 스포츠카에 매료되기도 하는 등 나름의 독특한 숙성 기간을 보내게 된다. 물론 완전히 활동을 그만 둔 것은 아니었지만 그가 본격적으로 대중에게 자신의 존재를 각인시켰던 것은 쇼팽 콩쿠르가 있었던 1960년 이후 약 10년의 세월이 지난 베를린 필과의 협연 무대였다.

다시 나타나다

1960년 쇼팽 콩쿠르 직후 폴리니 연주의 녹음을 진행했던 프로듀서 피터 앤드리는 그의 연주에 대해 다음과 같이 회상했다.

"폴리니가 연주하는 쇼팽의 연습곡을 처음 들었을 때 척추가 따끔거리는 굉장한 느낌이었어요. 그랜드 피아노에서 위대한 사운드가 넘실거리며 다가왔죠. 이건 가히 최상급의 피아니즘이라는 생각이 들었어요. 제가 거의 들어보지 못했던 완벽함 그 자체였습니다. 그는 이 어려운 작품을 전혀 힘들이지 않고 연주하는 것처럼 보였어요. 저는 이 녹음을 제 자신의 가장 위대했던 음악적 체험으로 기억하고 있습니다."

당시 음반 발매는 되지 못했지만 이들의 만남은 피아노 협주곡 1번으로 결실을 맺었다. 이후 EMI는 폴리니를 데려오기 위해 수차례 물밑 협상을 벌였지만 여러 가지 조건으로 인해 결국 결렬되고, 1971년 DG(도이치 그라모폰)는 그를 붙잡는 데 성공한다. 당시 그의 데뷔 레코딩은 놀랍게도 이고르 스트라빈스키의 페트루슈카와 프로코피예프의 피아노 소나타 7번이었는데 그가 20세기 음악 발전에 선구적인 역할을 했다는 사실을 알게 된다면 그리 놀라운 일도 아니다. 특히 1963년부터 간헐적으로 무대에 오르긴 했지만 1968년 카네기홀 데뷔부터 20세기 작곡가들을 자주 연주하여 그는 세계의 무대로 뻗어나가기 시작했다. 이러한 사실들은 폴리니가 이어 온 이탈리아 피아니스트의 계보, 즉 부조니-미켈란젤리-치콜리니 같은 피아니스트들의 활동 반경과 전혀 다른 음악관을 보여주고 있는 것이다. 그는 이후 동경, 뉴욕, 밀라노, 베를린, 잘츠부르크, 로마 등에서

연주회를 가지는 등 점차 세계 최고 반열의 피아니스트로 이름
을 알리기 시작했다.

20세기 소년

폴리니는 한 인터뷰를 통해 자신을 위해 가능한 많은 작곡
가를 섭렵하고 있다고 말한 적이 있다. 그가 지닌 방대한 레퍼
토리는 타의 추종을 불허하는데 이러한 성향은 그가 학생이었
던 1960년대 절친한 음악가 클라우디오 아바도[53]와 함께 제 2
빈 악파와 음렬주의(음고·음세기·리듬과 같은 음악적 요소들을 어떤 음
렬에 따라 음렬이 반복될 때까지 한 번씩 순서대로 쓰는 음악기법)에 심취
했던 경험에서 비롯된다. 사회주의자인 그는(폴리니는 베트남 전쟁
에 대해 정치적인 활동을 하거나 반미 성명서를 공연장에서 낭독하기도 했
다.) 1970년대 초반 동료 이탈리아 음악가들과 함께 밀라노 공
장 등에서 근로자를 위한 음악회를 열어 20세기 음악을 알리
기 위해 힘썼으며, 고전 음악 애호가들에게 동시대 음악가들
의 매력을 알리기 위해 애쓰기도 했다. 그의 연주 프로그램에
는 쇤베르크[54], 슈톡하우젠[55], 노노[56], 불레즈[57], 락헨만 같
은 작곡가들의 음악이 자주 오르고 있으며, 특히 그가 잘츠부
르크에서 신·구의 음악을 함께 소개하기 위해 개최한 'Progetto
Pollini(폴리니의 관점)' 연주 시리즈는 엄청난 반향을 일으켜 현
재 유럽 각지에서 계속 개최되는 등 그가 20세기 현대 음악에
기여한 바는 이루 말할 수 없다. 동시대 음악을 소개하는 것이

살아있는 음악가에게 맡겨진 사명이라면 아마도 그는 시대의 사명을 가장 충실히 이행한 사역자였을 것이다. 노노, 만초니는 폴리니를 위한 작품을 작곡하는 등 이 위대한 피아니스트에게 찬사를 바쳤다.

우아한 냉혹

물론 폴리니가 20세기 음악가들의 연주만으로 명성을 얻은 것은 아니다. 아이러니하게도 그가 그렇게 매이기 싫어했던 일련의 쇼팽 연주들은 그에게 최고의 명성을 안겨주었다. 특히 1972년 데뷔 레코딩에 이어 녹음한 두 개의 연습곡은 마치 기계가 연주하는 것 같은 착각을 불러일으키는 무결점의 연주로 호평을 얻었다. 아마도 이는 그가 청년시절부터 천착했던 현대음악 연주의 소산으로 여겨 질 수 있는데, 이러한 무색무취한 음색을 두고 일각에서는 그의 스승 미켈란젤리의 영향이라고 보는 견해도 있다. 이에 대해 폴리니는 다음과 같은 말을 남겼을 뿐이다.

"미켈란젤리는 테크닉에 도움이 되는 충고를 주었을 뿐입니다."

지금 그의 음악적 성장에 기여한 인물로 폴리니는 알프레드 코르토, 클라라 하스킬, 발터 기제킹, 빌헬름 박하우스, 에트빈 피셔, 아르투르 루빈스타인 등의 피아니스트들이 있다고 밝혔는데, 그들은 어찌 보면 탁월한 테크니션이 아니라 자신만의 스타일로 음악을 만들어내는 창조자들이었다. 극단적으로 이야기해서 건조하게 느껴지는 폴리니의 피아니즘과는 대척점에 있는 연주자들이라고 볼 수 있다. 하지만 그가 현대 레퍼토리를 제외하고 지금까지의 넓은 영역에서 펼쳐놓은 작곡가들, 이를테면 모차르트, 베토벤, 슈베르트, 슈만, 리스트, 브람스를 들어보면 반드시 기계적이고 차가운 톤으로만 일관했노라고 주장하기에는 다소 무리가 따른다. 특히 이들의 작품을 대하는 그의 손길은 고도로 연마된 기교와 우아한 서정을 모두 갖춘 연주를 들려준다.

고전에서 낭만을 잇는 작곡가들은 폴리니의 손을 만나 뛰어난 기교로 안정감을 찾게 되고, 과도한 열정보다는 표준적인 감성으로 명확하고 밝은 작품의 구조를 드러내게 된다. 일례로 그는 함부르크에서 만들어진 스타인웨이 피아노만을 사용하는데 상당히 표준적인 음색을 지니고 있는 것으로 유명하다. 폴리니의 피아니즘은 균형은 갖추고 있으면서 또 순수하고 감정 과잉이 들어가 있지 않기 때문에 감동적인 것이다. 최근 그는 점차 독주회 횟수를 줄여나가고 있고, 예정된 순회연주를 모두 취소했다는 소식도 들려온다. 차가운 손을 지녔지만 뜨거운 가슴을 지닌 그의 건강을 빌어본다.

추천음반

쇼팽 에튀드 Op.10/25/DG 413794-2

쇼팽 콩쿠르에서 우승하고 난 이후 폴리니의 첫 번째 연습곡이 발매되어 화제가 된 적이 있다. 하지만 공식적인 두 번째 녹음인 이 DG 연주의 가치는 조금도 떨어지지 않았다. 마치 기계를 연상시키는 안정적인 음량 배분과 한 치의 오차도 허용하지 않는 정확한 리듬과 터치, 방향 감각은 쇼팽 연습곡에 있어 일종의 바로미터로 통한다. 가장 표준적이고 이상적인 연습곡으로 음대 입시생들이 가장 선호하는 음반이기도 하다.

드뷔시 전주곡/DG 445187-2

드뷔시의 작품 중에서도 다소 어려운 작품인 전주곡은 많은 프랑스 연주자들의 음반들이 지지를 받고 있다. 하지만 폴리니가 메스로 그어 분석한 연주는 색조의 번짐을 완전히 차단하고 그의 깔끔하고 날렵한 톤을 들려주며 이 부유하는 작품에 새로운 생명력을 부여하고 있다. 이해하기 힘든 작품의 복잡한 구성이 한눈에 투사되는 착각마저 불러일으킨다.

주

1) Vladimir Horowitz(1904~1989) : 러시아 출신의 미국 피아니스트로 당대 낭만주의 피아니즘의 절정을 선보인 기교파 피아니스트이다. 루빈스타인과 경쟁구도를 보였으며, 특히 러시아 레퍼토리에 독보적인 해석을 남겼다. 안타깝게도 이번 책에는 소개되지 않았다.

2) Joseph Joachim(1831~1907) : 헝가리 출신의 바이올리니스트이자 지휘자, 작곡가 겸 교사이다. 브람스와 밀접하게 협력하였고, 낭만파 작곡가들의 많은 작품을 초연하는 등 19세기에 가장 널리 알려진 바이올리니스트 중 한 명이다.

3) Eugène d'Albert(1864~1932) : 영국 출신의 독일 피아니스트로 리스트의 유명한 제자 중 하나였다. 리스트는 달베르에게 자신이 가장 아꼈던 제자인 카를 타우지히를 상기하며 제2의 타우지히라는 별칭을 붙여주었다.

4) Ferruccio B. Busoni(1866~1924) : 이탈리아의 피아노 계보를 이끈 피아니스트. J.S 바흐와 리하르트 슈트라우스(Richard Strauss)의 작품을 개작·편곡하여 명성을 얻었다.

5) Eugène Ysaÿe(1858~1931) : 벨기에의 바이올리니스트이자 작곡가. 브뤼셀 음악학교 교수로 있으며 유럽과 미국에서 널리 연주활동을 하였다.

6) Jacques Thibaud(1880~1953) : 바이올리니스트로 프랑코-벨지움 악파의 제1인자로 꼽히며, 특히 고전에서 프랑스 근대음악에 걸쳐 정평이 나 있는 연주자이다.

7) Ignacy J. Paderewski(1860~1941) : 폴란드의 피아니스트이자 작곡가로 쇼팽·베토벤·바흐 연주에 뛰어났으며 폴란드 공화국의 초대 총리를 지내기도 했다.

8) Józef Hofmann(1876~1957) : 폴란드의 피아니스트로 안톤 루빈스타인의 제자였다. 라흐마니노프는 그를 최고의 피아니스트로 극찬하기도 했다.

9) Jascha Heifetz(1901~1987) : 러시아 출신의 미국 바이올리니스트. 1917년 미국으로 건너가 카네기홀에서 데뷔했으며 뉴욕을 중심으로 활발한 연주 활동을 하여 세계적인 명성을 떨쳤다.

10) Emanuel Feuermann(1902~1942) : 오스트리아 출생의 미국 첼리스트. 1938년 미국으로 귀화하였으며 만년에는 하이페츠, 루빈스타인과 함께 100만 불 트리오를 조직하여 많은 순회공연을 하였다.

11) George Szell(1897~1970) : 헝가리 태생의 미국 지휘자로 최초 피아니스트·작곡가로 출발하였으나 이후 미국의 클리블랜드 오케스트라를 맡아 최고의 오케스트라로 전성기를 구가하는 등 위대한 지휘자로 큰 족적을 남겼다.

12) Rudolf Serkin(1903~1991) : 오스트리아 출신의 미국 피아니스트로 장인인 아돌프 부슈와 제르킨 트리오를 결성하기도 했다. 나중에는 커티스 음악원에서 교편을 잡았다.

13) Gabriel Fauré(1845~1924) : 프랑스의 작곡가이자 오르가니스트로 1905~1920년까지 파리 음악원의 원장직을 맡기도 했다.

14) Alfred Cortot(1877~1962) : 프랑스의 피아니스트. 파리음악원에서 교수를 지냈고 '에콜 노르말 드 뮈지크'를 설립하였다. '카잘스 3중주단'을 결성하여 활발한 연주활동을 하였으며 슈만, 쇼팽의 작품 해석에 정평이 나 있다.

15) George Enescu(1881~1955) : 루마니아의 작곡가, 바이올리니스트, 지휘자. 그의 음악은 루마니아 민속 음악의 영향을 많이 받았다.

16) Pablo Casals(1876~1973) : 스페인의 첼리스트. 현대 첼로 연주의 아버지'로 불리며, 소년 시절 바흐의 무반주 첼로 모음곡을 헌책방에서 발견한 일화로 유명하다.

17) Thomas Beecham(1879~1961) : 영국의 지휘자. 영국의 작품을 해외에 소개하고, 또 해외 작품을 영국에 소개하는 등 영국 음악계에 크게 공헌하였다.

18) Herbert von Karajan(1908~1989) : 오스트리아의 지휘자로 베를린 국립오페라극장과 베를린 필하모니의 상임지휘자, 빈 국립오페라극장과 잘츠부르크 음악제 총감독 등 유럽 악단의 중요한 지위에 있으며 세계적으로 명성을 떨쳤다.

19) Tatiana Petrovna Nikolayeva(1924~1993) : 러시아 피아니스트로 모스크바 음악원의 교수를 역임했다. 특히 바흐 연주에 정통했다.

20) Arturo Toscanini(1867~1957) : 20세기 전반을 대표하는 지휘자로 연주자의 해석을 가능한 한 배제하고 악보에 떠오르는 작곡자

의 의도를 재현하는 지휘를 구현했다.

21) Arthur Grumiaux(1921~1986) : 벨기에의 바이올리니스트. 바흐, 모차르트, 베토벤 해석에 정평이 있었으며 뛰어난 기교를 통하여 세련된 아름다움을 표출하는 연주자라는 평을 들었다.

22) Artur Schnabel(1882~1951) : 오스트리아의 피아니스트이자 작곡가로 유럽과 미국에서 활약하여 명성을 얻었으며 특히 베토벤, 슈베르트, 브람스의 작품에 뛰어났다.

23) Wilhelm Backhaus(1884~1969) : 독일 출신의 스위스 피아니스트. 베토벤과 브람스의 해석에 정평이 나 있다.

24) Hans von Bülow(1830~1894) : 독일의 지휘자. 25세 때 유럽에서 이미 지휘자로서의 명성이 높았으며 그의 정확한 지휘는 현대 지휘법에 큰 영향을 주었으며 최초의 직업 지휘자로 간주된다. 초대 베를린 필의 음지휘자이기도 하다.

25) Arthur Nikisch(855~1922) : 헝가리 출신의 지휘자. 한스 폰 빌로우와 함께 근대적인 지휘자로 손꼽히며 베를린 필의 2대 지휘자를 역임했다.

26) Edwin Fischer(1886~1960) : 스위스에서 태어나 독일에서 활동한 피아니스트이다. 바흐, 모차르트, 슈베르트의 해석에 뛰어났다.

27) Walter Wilhelm Gieseking(1895~1956) : 독일의 피아노 연주자로 베토벤, 모차르트에 뛰어났으며 독특하게 프랑스 인상파의 작품을 즐겨 다루었다

28) Elly Ney(1882~1968) : 독일의 여류 피아니스트. 휠셔, 시트로스와 엘리 나이 3중주단을 조직하여 활동하였으며 만년에는 잘츠부르크 모차르테움의 교수를 지냈다. 나치에 협력한 음악가로 유명하다.

29) Georg Kulenkampff(1898~1948) : 독일의 바이올리니스트로 베를린 필의 악장을 역임하는 한편 독주자로 활약하였다.

30) Pierre Fournier(1906~1986) : 프랑스의 첼리스트. 서정적인 연주와 뛰어난 예술 감각으로 첼로의 귀족으로 불린다.

31) Yehudi Menuhin(1916~1999) : 미국 출생의 바이올리니스트. 어려서부터 비상한 재능을 보여 신동으로 불렸으며 주로 영국에서 활동하였다.

32) Henryk Szeryng(1918~1988) : 폴란드 출생의 멕시코 바이올리니스트. 제2차 세계대전이 발발하자 폴란드 망명정부에 참가하여 외교관 임무를 수행하기도 했다. 깨끗한 음색과 우아한 표현력 등으로 거의 완벽에 가까운 연주 솜씨를 인정받고 대가로서의 명성을 확립하였다

33) Paul van Kempen(1893~1955) : 네덜란드 출생의 지휘자. 독일 음악의 뛰어난 해석가였지만 나치에 협력하여 넓은 활동반경을 보이진 못했다.

34) Ferdinand Leitner(1912~1996) : 독일의 지휘자. 20세기의 독일오페라, 특히 카를 오르프와 카를 아마데우스 하르트만의 작품을 널리 소개했다.

35) Heinrich Neuhaus(1888~1964) : 러시아의 위대한 음악교육자이자 피아니스트. 제자로는 에밀 길레스, 라두 루푸, 에프게니 모길레프스키 등이 있다.

36) Franz Schreker(1878~1934) : 오스트리아의 작곡가. 빈 음악 아카데미의 작곡 교수와 독일 베를린 고등음악원 교수를 지냈다. 바그너를 추종했던 오페라 작곡가로 잘 알려져 있다.

37) Leopold Godowsky(1870~1938) : 폴란드 출생의 미국 피아니스트로 탁월한 기교를 구사하는 연주자로 잘 알려져 있다. 특히 쇼팽 연주자로 정평이 나 있다.

38) Andrei Aleksandrovich Zhdanov(1896~1948) : 소련 공산당 중앙위원으로 제2차 세계대전에는 레닌그라드 방위를 맡았으며 전후에는 주로 당의 선전·선동활동을 맡았다. 전후 그는 음악, 미술, 문학, 철학 등의 문화 영역에서 국제적인 영향력을 끼쳤으며 스탈린의 개인숭배와 교조주의적, 권위적, 정치적 발상에 의해 모든 새로운 사상적, 예술적 시도를 부르주아적 퇴폐로 간주하여 단죄하였다.

39) Emil Gilels(1916~1985) : 네이가우스 문하에서 리흐테르와 더불어 가장 뛰어난 제자로 평가받은 피아니스트. 프로코피예프의 8번 소나타를 초연했다.

40) Bruno Monsaingeon(1943~　) : 영상작가로 현대 클래식 음악계의 거장에 관한 영상물 제작자로 이름이 높다. 글렌 굴드와 그리고리 소콜로프에 이어 최근엔 표트르 안데르셰프스키의 영상물도 제작했다.

41) Theodor Wiesengrund Adorno(1903~1969) : 독일의 철학자이자 미학자로 프랑크푸르트 학파의 중심인물이었다. 그는 체계성을 거부하고 근대문명에 대하여 독자적인 비판을 제시하였다

42) Jan Kiepura(1902-1966) : 폴란드의 테너이자 영화배우로 당대 푸치니 가수로 이름 높았다.

43) James Levine (1943~　) : 미국 출생의 지휘자로 현재 뉴욕 메트로폴리탄 오페라 극장의 음악감독이다.

44) Simon Rattle(1955~　) : 영국의 지휘자로 현재 베를린 필하모닉의 음악감독이다.

45) Dietrich Fischer-Dieskau(1925~　) : 독일의 바리톤. 폭넓은 음량의 변화와 언어에 대한 예민한 감각을 바탕으로 명확하고 독자적인 방식으로 노래를 부르는 가수이다. 연기에도 뛰어나 오페라에서도 뛰어난 기량을 보인다.

46) Steven Kovacevich(1940~　) : 미국의 피아니스트로 바흐, 베토벤, 브람스, 슈베르트 등의 독일 작곡가들의 해석이 뛰어나다. 아르헤리치의 세 번째 남편이기도 했다.

47) Friedrich Gulda(1930~2000) : 오스트리아의 피아니스트, 작곡가. 재즈 피아니스트로도 유명하다. 레퍼토리의 폭이 넓으며 모차르트, 베토벤 해석에 뛰어났다.

48) Nikita Magaloff(1912~1992) : 러시아 출생의 피아니스트. 디누 리파티의 뒤를 이어 제네바 음악원의 교수를 역임했다.

49) Dame Myra Hess(1890~1965) : 영국의 여류 피아니스트. 내면의 소리에 집착하여 사념적인 음악을 창출해 냈고, 조용하고 감수성이 풍부하며 허식이 없는 연주자로 평가되었다. 제2차 세계대전 당시 나치의 공습을 피해 대피한 사람들에게 피아노 연주를 들려주며 용기와 희망을 주었고, 전쟁이 끝난 후 데임(Dame: 여성에게 수여되는 귀족 작위) 칭호를 받았다.

50) Charles Dutoit(1936~　) : 캐나다 출생의 지휘자로 프랑스 음악 해석에 일가견이 있다. 무명에 가깝던 몬트리올 심포니를 일약 1급의 단체로 이끌었다.

51) Maria Teresa Carreno(1853~1917) : 베네수엘라의 여성 피아니스트, 작곡가 겸 오페라 가수. 강력한 힘과 정신력을 지녀 '피아노의 발퀴레'로 알려진 음악가이다. 소규모 치간 춤곡을 작곡했으며 카

라카스 오페라단을 조직, 운영했다.

52) Paul Kletzki(1900~1973) : 폴란드 출생의 스위스 지휘자. 이스라엘 필, 스위스 로망드 관현악단의 상임지휘자로 활동하며 주로 낭만파 음악의 해석으로 이름을 떨쳤다.

53) Claudio Abbado(1933~   ) : 이탈리아의 지휘자로 쿠셰비츠키 미트로풀로스 음악 콩쿠르에서 우승했다. 베를린 필의 5대 음악감독을 역임했다.

54) Arnold Schoenberg(1874~1951) : 오스트리아의 작곡가로 12음기법을 창안했다. 이후 베를린의 예술아카데미의 교수를 지냈고 미국으로 망명하여 작곡활동을 계속했다.

55) Karlheinz Stockhausen(1928~2007) : 독일의 작곡가. 쾰른의 서부독일 방송국에서 전자음악의 실험적 제작에 성공하였고 부정기 음악잡지 '라이에'의 공동편집인으로 현대음악에 대한 계몽활동을 추진한 작곡가였다.

56) Luigi Nono(1924~1990) : 이탈리아의 작곡가. 제2차 세계대전 후의 가장 주목받은 작곡가 중 한 사람으로 베베른 후기의 기법을 계승 발전시켜 선율뿐만 아니라 음가, 셈 여림, 밀도, 템포 등에 세리에 기법을 도입, 작품을 확립해 나갔다

57) Pierre Boulez(1925~   ) : 프랑스의 작곡가이자 지휘자. 현대 음악계에서 선구적인 역할로 독보적인 입지를 지니고 있다.

참고문헌

피터 F. 오스왈드, 한경심 옮김,『글렌 굴드』, 을유문화사, 2005.

브뤼노 몽생종, 임동현 옮김,『나는 결코 괴짜가 아니다 : 글렌 굴드』, 모노폴리, 2008

미셸 슈나이더, 이창실 옮김,『글렌 굴드, 피아노 솔로』, 동문선, 2002.

알렉스 로스, 김병화 옮김,『나머지는 소음이다』, 21세기북스, 2010.

엘리제 마흐, 박기호/김남희 옮김,『나의 삶, 나의 음악』, 동문선, 2008.

해롤드 숀버그, 윤미재 옮김,『위대한 피아니스트』, 나남, 2008.

브뤼노 몽생종, 이세욱 옮김,『리흐테르 회고담과 음악수첩』, 정원, 2005.

고이시 다다오, 세광편집부 옮김,『세계의 명피아니스트』, 세광, 1986.

선병철, '내한공연 갖는 살아 있는 전설',「월간음악」, 1994. 4.

브라이스 모리슨, '아르헤리치-화산처럼 강렬한 열정을 분출한 피아노계의 여장부',「Gramophon, U.K」, 1995. 2.

윤진희, '클라라 하스킬의 유산',「월간음악」, 1995. 3.

프랑수아 라퐁, '아듀! 미켈란젤리- 건반 위의 검은 천사',「Le Monde la musique, Fr.」, 1995. 8.

김길영, '거장의 숨결 루빈스타인',「월간 클래식」, 2001. 1.

올리비에 벨라미, '야생마 아르헤리치를 말하다',「Le Monde la musique, Fr.」, 2001. 6.

유윤종, '거장의 숨결 미켈란젤리',「조이 클래식」, 2001. 8.

유윤종, '거장의 숨결 빌헬름 켐프',「조이 클래식」, 2001. 11.

요아힘 카이저, '클라라 하스킬',「Amadeo, Ger.」, 2001. 12.

스티븐 플레이토스, '알프레트 브렌델- 마지막 인터뷰',「Gramophon, U.K.」, 2009. 1.

이창윤 옮김, 'Portrait 아르투르 루빈스타인,「La Musica」, 2012. 3.
이외에도 각 피아니스트들의 공식 홈페이지와 각종 음악 사이트, 그리고 음반 내지의 정보를 이용했음을 밝힌다. 기존에 저작된 여러 필자들의 저술과 인터뷰, 기사 그리고 전문가들의 논문에서 상당한 도움을 받았다는 점을 밝힌다. 직접 인용하지 않았더라도 관련된 글을 쓴 모든 저술가들에게 심심한 경의를 표한다.

20세기의 위대한 피아니스트

| 펴낸날 | 초판 1쇄 2012년 5월 3일 |
| | 초판 2쇄 2016년 5월 18일 |

지은이	노태헌
펴낸이	심만수
펴낸곳	(주)살림출판사
출판등록	1989년 11월 1일 제9-210호

주소	경기도 파주시 광인사길 30
전화	031-955-1350 팩스 031-624-1356
홈페이지	http://www.sallimbooks.com
이메일	book@sallimbooks.com

| ISBN | 978-89-522-1822-3   04080 |

054 재즈

eBook

최규용(재즈평론가)

즉흥연주의 대명사, 재즈의 종류와 그 변천사를 한눈에 알 수 있도록 소개한 책. 재즈만이 가지고 있는 매력과 음악을 소개한다. 특히 초기부터 현재까지 재즈의 사조에 따라 변화한 즉흥연주를 중심으로 풍부한 비유를 동원하여 서술했기 때문에 재즈의 역사와 다양한 사조의 특징을 쉽게 이해할 수 있다.

255 비틀스

eBook

고영탁(대중음악평론가)

음악 하나로 세상을 정복한 불세출의 록 밴드. 20세기에 가장 큰 충격과 영향을 준 스타 중의 스타! 비틀스는 사람들에게 꿈을 주었고, 많은 젊은이들의 인생을 바꾸었다. 그래서인지 해체한 지 40년이 넘은 지금도 그들은 지구촌 음악팬들의 많은 사랑을 받고 있다. 비틀스의 성장과 발전 모습은 어떠했나? 또 그러한 변동과 정은 비틀스 자신들에게 어떤 의미였나?

422 롤링 스톤즈

eBook

김기범(영상 및 정보 기술원)

전설의 록 밴드 '롤링 스톤즈'. 그들의 몸짓 하나하나는 우리가 생각하는 것보다 훨씬 더 탁월한 수준의 음악적 깊이, 전통과 핵심에 충실하려고 애쓴 몸부림의 흔적들이 존재한다. 저자는 '롤링 스톤즈'가 50년 동안 추구해 온 '진짜'의 실체에 다가가기 위해 애쓴다. 결성 50주년을 맞은 지금도 구르기(rolling)를 계속하게 하는 힘. 이 책은 그 '힘'에 관한 이야기다.

127 안토니 가우디 아름다움을 건축한 수도사

eBook

손세관(중앙대 건축공학과 교수)

스페인의 세계적인 건축가 가우디의 삶과 건축세계를 소개하는 책. 어느 양식에도 속할 수 없는 독특한 건축세계를 구축하고 자연과 너무나 닮아 있는 건축가 가우디. 이 책은 우리에게 건축물의 설계가 아닌, 아름다움 자체를 건축한 한 명의 수도자를 만나게 해준다.

131 안도 다다오 건축의 누드작가

eBook

임재진(홍익대 건축공학과 교수)

일본이 낳은 불세출의 건축가 안도 다다오! 프로복서와 고졸학력, 독학으로 최고의 건축가 반열에 오른 그의 삶과 건축, 건축철학에 대해 다뤘다. 미를 창조하는 시인, 인간을 감동시키는 휴머니즘, 동양사상과 서양사상의 가치를 조화롭게 빚어낼 줄 아는 건축가 등 그를 따라다니는 수식어의 연원을 밝혀 본다.

207 한옥

eBook

박명덕(동양공전 건축학과 교수)

한옥의 효율성과 과학성을 면밀히 연구하고 있는 책. 한옥은 주위의 경관요소를 거르지 않는 곳에 짓되 그곳에서 나오는 재료를 사용하여 그곳의 지세에 맞도록 지었다. 저자는 한옥에서 대들보나 서까래를 쓸 때에도 인공을 가하지 않는 재료를 사용하여 언뜻 보기에는 완결미가 부족한 듯하지만 실제는 그 이상의 치밀함이 들어 있다고 말한다.

114 그리스 미술 이야기

eBook

노성두(이화여대 책임연구원)

서양 미술의 기원을 추적하다 보면 반드시 도달하게 되는 출발점인 그리스의 미술. 이 책은 바로 우리 시대의 탁월한 이야기꾼인 미술사학자 노성두가 그리스 미술에 얽힌 다양한 이야기를 재미있게 풀어놓은 이야기보따리이다. 미술의 사회적 배경과 이론적 뿌리를 더듬어 감상과 해석의 실마리에 접근하는 또 다른 시각을 제공하는 책.

382 이슬람 예술

eBook

전완경(부산외대 아랍어과 교수)

이슬람 예술은 중국을 제외하고 가장 긴 역사를 지닌 전 세계에 가장 널리 분포된 예술이 세계적인 예술이다. 이 책은 이슬람 예술을 장르별, 시대별로 다룬 입문서로 이슬람 문명의 기반이 된 페르시아 · 지중해 · 인도 · 중국 등의 문명과 이슬람교가 융합하여 미술, 건축, 음악이라는 분야에서 어떻게 표현되었는지 설명한다.

417 20세기의 위대한 지휘자 `eBook`

김문경(변리사)

뜨거운 삶과 음악을 동시에 끌어안았던 위대한 지휘자들 중 스무 명을 엄선해 그들의 음악관과 스타일, 성장과정을 재조명한 책. 전문 음악칼럼니스트인 저자의 추천음반이 함께 수록되어 있어 클래식 길잡이로서의 역할도 톡톡히 한다. 특히 각 지휘자들의 감각 있고 개성 있는 해석 스타일을 묘사한 부분은 이 책의 백미다.

164 영화음악 불멸의 사운드트랙 이야기 `eBook`

박신영(프리랜서 작가)

영화음악 감상에 필요한 기초 지식, 불멸의 영화음악, 자신만의 세계를 인정받는 영화음악인들에 대한 이야기를 담았다. 〈시네마천국〉〈사운드 오브 뮤직〉 같은 고전은 물론, 〈아멜리에〉〈봄날은 간다〉〈카우보이 비밥〉 등 숨겨진 보석 같은 영화음악도 소개한다. 조성우, 엔니오 모리꼬네, 대니 앨프먼 등 거장들의 음악세계도 엿볼 수 있다.

440 발레 `eBook`

김도윤(프리랜서 통번역가)

〈로미오와 줄리엣〉과 〈잠자는 숲속의 미녀〉는 발레 무대에 흔히 오르는 작품 중 하나다. 그런데 왜 '발레'라는 장르만 생소하게 느껴지는 것일까? 저자는 그 배경에 '고급예술'이라는 오해, 난해한 공연 장르라는 선입견이 존재한다고 지적한다. 저자는 일단 발레라는 예술 장르가 주는 감동의 깊이를 경험하기 위해 문 밖을 나서길 원한다.

194 미야자키 하야오 `eBook`

김윤아(건국대 강사)

미야자키 하야오의 최근 대표작을 통해 일본의 신화와 그 이면을 소개한 책. 〈원령공주〉〈센과 치히로의 행방불명〉〈하울의 움직이는 성〉이 사랑받은 이유는 이 작품들이 가장 보편적이면서도 가장 일본적인 신화이기 때문이다. 신화의 세계를 미야자키 하야오의 작품과 다양한 측면으로 연결시키면서 그의 작품세계의 특성을 밝힌다.

예술

eBook 표시가 되어있는 도서는 전자책으로 구매가 가능합니다.

㈜살림출판사
www.sallimbooks.com
주소 경기도 파주시 문발동 522-1 | 전화 031-955-1350 | 팩스 031-955-1355